Santa Clara de Assis

maravilhasdedeus

Santa Bakhita do Sudão – Susan Helen Wallace
Santa Clara de Assis – Paolo Padoan
Santo Antônio – Eliana Bueno-Ribeiro
São Francisco de Assis – Mary Emmanuel Alves
São Paulo – Mary Lea Hill

PAOLO PADOAN

Santa Clara de Assis

Dados Internacionais de Catalogação na Publicação (CIP)
(Câmara Brasileira do Livro, SP, Brasil)

Padoan, Paolo
  Santa Clara de Assis / Paolo Padoan ; [tradução Ir. Joana da Cruz, ocd]. – São Paulo :
Paulinas, 2008. – (Coleção maravilhas de Deus)

  Título original: Chiara d'Assisi.
  ISBN 978-85-356-2316-1
  ISBN 88-250-1305-1 (ed. original)

  1. Clara, de Assis, Santa, 1193 ou 4-1253   2. Santos cristãos – Itália – Biografia
I. Título.   II. Série.

08-07961   CDD-270.092

Índice para catálogo sistemático:

1. Santos cristãos : Biografia   270.092

Título original: *Chiara d'Assisi*
© 2003 by P.P.F.M.C. Messaggero di Sant'Antonio Editrice
Basilica del Santo – Via Orto Botanico, 11 – 35123 Padova

1ª edição – 2008
3ª reimpressão – 2020

Direção-geral: *Flávia Reginatto*
Editora responsável: *Luzia M. de Oliveira Sena*
Assistente de edição: *Andréia Schweitzer*
Tradução: *Ir. Joana da Cruz, ocd*
Copidesque: *Thais Torres Garcia*
Revisão: *Mônica Elaine G. S. da Costa e Sandra Sinzato*
Direção de arte: *Irma Cipriani*
Gerente de produção: *Felício Calegaro Neto*
Capa e diagramação: *Telma Custódio*
Ilustrações: *Cedidas pela editora Messaggero di Sant'Antonio*

*Nenhuma parte desta obra pode ser reproduzida ou transmitida por qualquer forma e/ou
quaisquer meios (eletrónico ou mecânico, incluindo fotocópia e gravação) ou arquivada em
qualquer sistema ou banco de dados sem permissão escrita da Editora. Direitos reservados.*

Paulinas
Rua Dona Inácia Uchoa, 62
04110-020 – São Paulo – SP (Brasil)
Tel.: (11) 2125-3500
http://www.paulinas.com.br – editora@paulinas.com.br
Telemarketing e SAC: 0800-7010081
© Pia Sociedade Filhas de São Paulo – São Paulo, 2008

*O autor dirige um sincero agradecimento
à Abadessa e às clarissas do mosteiro
Coração Imaculado de Maria de Porto Viro
(Rovigo, Vêneto)
pelo precioso auxílio a ele oferecido.*

1
Aquela noite

Há noites em que o céu parece estar coberto de mil diamantes; de muitas jóias preciosas que emitem uma luz viva, intensa, brilhante.

São noites que encantam também os distraídos, que desaceleram os mais apressados, que produzem maravilhas.

O céu e a terra parecem estar mais próximos, a ponto de quase se tocarem. E quando se está em um lugar mais afastado, o silêncio misterioso é capaz de despertar novas músicas no coração. O espírito, calmo e livre de nuvens, leva o pensamento até Deus, Criador de tanta beleza e de tão infinita grandeza.

De vez em quando, apenas o coaxar baixinho das rãs quebra o silêncio da passagem das horas.

Em uma noite assim, numa casa a poucos passos do centro da cidade, uma jovem de dezoito anos, com o coração agitado, mas determinada e fortalecida por uma escolha já feita há muito tempo e que agora finalmente se realizaria, dirige-se no escuro até uma parte da casa que, em outras ocasiões, sempre procurou evitar.

Encontra-se ali uma porta, trancada há vários anos e com o acesso bloqueado por pilhas de lenha. Todos a chamam de a "porta do morto", uma passagem aberta apenas em ocasiões de funerais na família, destinada especialmente ao defunto, sendo que, quem por ela passasse, jamais poderia retornar ao lar.

– Senhor, eu preciso retirar essa lenha do caminho!

Com as mãos brancas e delicadas, tenta de todas as maneiras desbloquear a saída e destrancar as fechaduras enferrujadas. O vestido luxuoso fica empoeirado; as mãos sujam-se de óleo e são feridas pela lenha, mas ela não desiste.

E então, movida quase por uma força misteriosa, a porta finalmente se escancara. A jovem respira fundo e, por um instante, olha de volta para o interior da casa.

– Minha mãe vai entender, tenho certeza que sim. As minhas irmãs também, mais cedo ou mais tarde.

O pensamento muda rapidamente para os tios e para os outros parentes; com eles, sim, prevê dificuldades.

– Será que eles irão me perdoar?

Mas a decisão está tomada. Não tem medo das conseqüências que possam aparecer. Ela as enfrentará.

Seu olhar então se volta para o céu e para as infinitas estrelas que guiarão o seu caminho.

– Preciso ser rápida! – repete para si mesma. – Preciso ser rápida!

O coração salta forte, ardente.

Medo? Talvez. Mas o chamado é ainda mais forte, ainda mais grandioso. É o que a faz seguir em frente.

Corre em direção a um sonho que fará um corte com o seu passado, com a vida confortável, porém incapaz de satisfazê-la, que levava entre as paredes daquela casa que acabara de abandonar. Corre na noite, sustentada apenas pela confiança inabalável em Deus e em Francisco. Sente-se livre.

Os sapatos fazem muito barulho sobre a calçada. Ela, então, decide tirá-los. Corre descalça em direção a um determinado ponto, fora dos muros da cidade, onde sabe que alguém a espera.

Está sozinha. Das muitas amigas, nenhuma está com ela agora. Nem Bona de Guelfúcio, que foi a Roma com a família para assistir aos ritos da Semana Santa. Nem mesmo as outras, as mais fiéis, as confidentes de tantos segredos.

– Meu Deus, me ajuda!

Há um contraste entre a serenidade da noite, o brilho das estrelas, o silêncio da paz e o tumulto que perturba o espírito da jovem, os seus sentimentos, seu estado de alma e as lembranças que a incomodam.

Enquanto corre, as tranças loiras, ajeitadas às pressas, desmancham-se sobre os ombros. Seu rosto pálido, típico da sua pele delicada, torna-se levemente rosado. A capa negra agita-se com o vento.

Cruza os portões da cidade e segue em direção a uma estrada deserta, que leva a um local bem conhecido e familiar, logo na entrada do bosque.

Ali, junta-se a ela Pacífica de Guelfúcio, uma amiga, que na última hora decidiu acompanhá-la por um trecho do caminho e com a qual Clara (este é o nome da fugitiva) há muito tempo havia compartilhado seu segredo.

– Obrigada por vir, Pacífica. Mas agora precisamos correr.

De repente, algo a surpreende. Uma voz próxima cochicha ao ouvido da jovem:

– É você?

– Sim, sou eu – responde Clara aliviada. – Sou eu. Estou aqui!

Dois homens aproximam-se das moças. Eles carregam tochas acesas para abrir caminho por entre os ramos grossos de pinheiro.

São eles Rufino e Silvestre, nobres e parentes da jovem.

Mais alguns passos. Um perfume de ramos de pinheiro em brasa espalha-se pelo ar e, logo em seguida, o encontro, o tão planejado encontro.

Uma nova voz, uma voz amiga, pergunta a Clara com doçura:

– Você está decidida?

– Sim, estou! – responde a jovem com firmeza. – Estou decidida!

2
Favarone e Hortolana

Era o ano de 1194. Em um dia quente de julho, uma grande festa acontecia no luxuoso palácio que fica em frente à Praça de São Rufino, junto à torre do campanário de Assis, onde vive a família do messer* Favarone de Offreduccio de Bernardino. Nesse mesmo dia, a esposa, dona Hortolana, uma piedosa dama da nobre família dos Fiumi, dava à luz sua primeira filha.

Havia uma grande animação e muita alegria entre os criados da família, espalhados pelas grandes salas e pelos corredores do palácio.

Mas a verdade é que messer Favarone, por ser de família nobre, desejava de todo coração que tivesse nascido um menino. Era um cavaleiro, um grão-senhor, mas costumava repetir, sempre que tinha oportunidade:

– Um menino é, sem dúvida, mais útil, não só para os negócios de família, mas, acima de tudo,

---

* Título de respeito que, na Idade Média, se dava a pessoas importantes, em especial aos juristas, notários, homens da Igreja etc.

para a cidade de Assis, que há tanto tempo vinha sofrendo com ataques militares.

Os irmãos de messer Favarone, Scipione e Monaldo, que moravam com suas famílias no mesmo palácio, concordavam com ele. Estavam também de acordo os muitos guerreiros fiéis, dos quais Favarone encontrava-se sempre rodeado.

Hortolana, ao contrário, estava feliz e observava com olhos amorosos aquela pequena criatura; aquela menininha rosada e gorduchinha.

– Você é maravilhosa, minha filhinha!

A notícia do feliz acontecimento espalhou-se rapidamente pela cidade e muitas amigas correram para compartilhar a alegria com a mãe.

Hortolana, ainda jovem e bela, depois de seu casamento com o cavaleiro Favarone, tinha decidido que, antes de se dedicar aos cuidados da casa e aos afazeres domésticos, iria visitar alguns lugares importantes da cristandade. De fato, foi a São Tiago de Compostela, na Espanha, um tradicional ponto de peregrinação para onde seguem os fiéis que desejam visitar o túmulo de são Tiago. Depois, com grande entusiasmo e fervor, foi à Terra Santa, onde desejava percorrer, em oração e humildade, os caminhos que testemunharam a passagem de Jesus.

Naquela ocasião, a longa viagem por mar, os perigos, as privações e as dificuldades não a fizeram desistir do grande desejo de visitar os locais santos. E foi justamente naqueles lugares abençoados que Hortolana teve, em seu coração, a misteriosa certeza de que se tornaria, no futuro, a mãe de uma criatura destinada a grandes projetos.

No caminho de volta, quis também parar em Roma para rezar sobre o túmulo de são Pedro, o apóstolo chefe da Igreja e a quem Jesus confiou o seu rebanho, e na Basílica de São Paulo, o apóstolo dos gentios. Por fim, uma última parada próxima ao Santuário de São Miguel, no monte Gargano, na Puglia.

As lembranças daquelas peregrinações voltaram-lhe à mente, enquanto observava a pequena recém-nascida que dormia. E ainda mais viva era a lembrança de quando, poucos meses antes do parto, enquanto rezava na igreja vizinha de São Rufino, ouviu dentro de si uma voz misteriosa sussurrar:

– Mulher, não temas, pois darás à luz, felizmente, a uma menina que será uma luz maravilhosa que iluminará todo o mundo.

Por este motivo, escolheu o nome da recém-nascida.

– Vai se chamar Clara – revelou a mãe aos familiares.

Hortolana descendia de uma família de senhores feudais, membros da nobreza medieval, que possuíam vastas porções de terra e grande prestígio social. Distinguia-se pelo seu comportamento gentil, aristocrático. A isso, juntava-se uma forte piedade religiosa, enraizada em uma fé profunda e constantemente alimentada pela oração.

Pouco tempo depois de ouvir o que dissera a voz misteriosa, na mesma e extraordinária Catedral de São Rufino, Clara, filha do messer Favarone, recebia a água benta na mesma pia batismal onde, anos antes, também fora batizado Francisco, filho do messer Pedro de Bernardone.

Nos anos que se seguiram, a menina cresceu e coube ao pai apresentar o mundo à pequena Clara, levando-a a admirar as belezas naturais e arquitetônicas da região, colocando-a em contato com o povo de Assis. A mãe, por outro lado, cuidou principalmente de sua educação, estimulando a natural vocação da menina para as orações e o notável amor que tinha pelos pobres.

Clara era ainda muito pequena quando, em abril de 1198, Assis foi abalada por novas e ameaçadoras lutas internas. A cidade, de aproximadamente dez mil habitantes, não desfrutava de uma convivência pacífica entre os ricos e nobres senhores feudais (conhecidos como *os maiores*) e os pobres e operários oprimidos (chamados de *os menores*).

Uma luta longa e contínua entre dois grupos políticos rivais, os guelfos, partidários do papado, e os gibelinos, partidários do Império, dividia a cidade em duas.

Do alto do castelo de Rocca Maggiore, o duque alemão Conrado de Lutzen, governante substituto do imperador Frederico Barbaroxa, oprimia com sua tirania os habitantes de Assis. O desejo de Conrado era que a cidade passasse inteiramente para o domínio dos guelfos.

Os habitantes acabaram perdendo o controle sobre a cidade e esperavam pela melhor oportunidade de rebelar-se contra o tirano. A chance apareceu quando o papa Celestino III sucedeu Inocêncio III, a quem Conrado pretendia homenagear, entregando-lhe a administração do ducado de Espoleto. Quando o duque alemão mal havia iniciado sua viagem pela estrada de Narmi, os sinos de Assis tocaram e a população foi chamada à revolta.

O ódio se espalhou pela cidade e a batalha desembocou em uma luta armada. Rocca Maggiore foi atacado e destruído. A revolta popular se expandiu também contra os castelos dos nobres e dos ricos, que, para se salvarem, foram obrigados a fugir para outras aldeias e cidades vizinhas, em particular para Perúgia.

Também messer Favarone, embora fosse um homem moderado, se viu forçado a afastar-se da cidade para preservar algo mais do que os seus bens e propriedades: sua própria família.

Assim, Clara e todos seus familiares hospeda-ram-se na casa de um homem chamado Benvin-do, justamente na cidade de Perúgia. E foi ali que Hortolana transmitiu à filha o precioso patrimô-nio de suas virtudes, da sua vida árdua, mas plena de fé. A mãe ensinou Clara a amar a oração e lhe recomendava sempre:

– Que os seus pensamentos, minha menina, estejam diariamente voltados para Jesus crucifica-do e para Nossa Senhora. Ame a Deus, mas ame também o seu próximo, especialmente aquele que sofre, o indefeso, o indigente, o necessitado.

E dessa forma, como escreveu seu primeiro biógrafo, Tomás de Celano, Clara "estendia de boa vontade as suas mãos aos pobres e, com a far-tura de sua casa, supria a pobreza de muitos. Para agradar ainda mais a Deus, abria mão da comida mais refinada, dando-a às escondidas, através de seus empregados, àqueles que mais precisavam, desejando dar ao menos algum prazer àquela gen-te. E assim, desde a infância, crescendo com ela o espírito de piedade, a jovem tinha o coração mi-sericordioso e atento às necessidades e aflições dos miseráveis".

Não era raro ver pelas ruas de Perúgia aquela menininha de cabelos loiros e grandes olhos azuis dar aos pobres seu sorriso e parte de seu pão ou de suas pequenas economias. Muitas vezes, seguia acompanhada de amigas de infância ou de alguma parenta, também refugiadas em Perúgia.

Como conseqüência natural dos seus gestos de caridade, Clara sentia crescer ainda mais em seu coração o amor por Deus e a vontade de orar. Com freqüência, chamava suas amigas e, ajoelhada sobre a terra ou ao ar livre sobre a grama, juntava as mãozinhas e as convidava:

– Vamos rezar pelos pecados do mundo e pela paz na nossa terra.

Sua infância, portanto, foi marcada por eventos dolorosos e pelo exílio em Perúgia. Poucas brincadeiras, poucos sorrisos, mas com um grande amor por Deus e pelo próximo.

Terminada a disputa entre Assis e Perúgia, a família do messer Favarone pôde finalmente, em 1203, voltar para casa.

3
Francisco

Enquanto Clara se encontrava exilada em Perúgia, destacava-se nas batalhas internas entre os *maiores* e os *menores* o jovem Francisco de Bernardone, que desejava, juntamente com tantos outros amigos, libertar a cidade da opressão e da servidão social, política e moral que a humilhava.

Os habitantes de Assis, depois de terem destruído Rocca Maggiore, temendo uma represália, fortaleceram as defesas, destruíram as casas dos nobres e procuraram cercar a cidade com sólidas muralhas.

Os *maiores*, sentindo-se fortemente ameaçados, pediram ajuda aos vizinhos de Perúgia. Os dois exércitos enfrentaram-se, em 1202, próximo à Ponte São João. Os assisenses levaram a pior. Entre os prisioneiros, conduzidos acorrentados até a cidade de Perúgia, estava também Francisco de Bernardone, de apenas vinte anos. Apesar de parecer muito doente, conseguia suportar tudo com grande alegria, até mesmo cantando e narrando histórias de cavalaria.

Felizmente o pai conseguiu resgatá-lo. No entanto, ao ver-se livre novamente, sentiu-se tomado pela vontade de lutar, por um estranho desejo de glória, de domínio. Sonhando tornar-se um valente capitão, pôs-se às ordens de Gualtiero de Brienne, destemido capitão francês que combatia na Puglia sob a bandeira do papa Inocêncio III contra o usurpador do trono Marcovaldo.

Assis inteira assistiu à partida de Francisco rumo a Foligno. Filho de um rico comerciante, ele exibia armas reluzentes e vestes luxuosas. Clara, que acabara de retornar à cidade, teve a chance de admirar aquele jovem e forte cavaleiro e acendeu-se em seu coração o desejo de conhecê-lo.

– Preciso dar um jeito de me aproximar, de falar com ele – pensa a jovem.

Mas poucos dias depois, espalhou-se em Assis a notícia de que o valoroso Francisco retornara de repente à cidade. Estava com febre e, portanto, ficou impossibilitado de seguir com seus companheiros na nova jornada.

Os comentários na cidade sobre a volta inesperada do rapaz eram dos mais variados.

– É um covarde!

– Abandonou a guerra de propósito!

– Não queria mais lutar!

– Está mudado!

Também Clara ficou sabendo do fato, mas isso só reforçou nela o desejo de conhecer mais a fundo esse jovem.

Era justamente através das discussões em família que ela se mantinha informada a respeito da vida do filho mais velho do messer Bernardone, o qual – assim ela ouviu dizer – não tinha mais um bom relacionamento com o rapaz, que há algum tempo parecia profundamente mudado.

Entre os amigos, dizia-se que Francisco já não era o membro mais ilustre da jovem sociedade de Assis, nem o menestrel das mais belas canções de amor e de guerra, nem o amante da bela vida e das companhias alegres.

Pedro de Bernardone havia depositado grande esperança naquele filho. Rico comerciante de tecidos, homem de negócios com grande habilidade, tinha conseguido acumular uma quantidade considerável de riquezas, tornando-se, conseqüentemente, um dos homens mais importantes da cidade. Viajava muito, pois seus negócios expandiam-se também na Europa e na África.

Foi na Provença que conhecera Pica Bourlemont, uma mulher amável, pequenina e dócil, com quem se casou e teve dois filhos. Ao mais velho, que Pica desejava chamar João em homenagem a João Batista, Bernardone deu o nome de Francisco, já que era sobretudo da França que lhe vinham seus maiores lucros. A este filho, Bernardone não poupou nada.

– Ele vai ser o mais admirado, o mais invejado de todos os jovens de Assis e, um dia, será também o mais poderoso. Talvez um nobre. Certamente um cavaleiro.

Era isso que dizia o pai aos amigos quando se referia a Francisco.

Muitas vezes, levava o garoto com ele à França, para que conhecesse as belezas do mundo de então. E Francisco não lhe decepcionava.

Um momento de grande satisfação e de orgulho para Bernardone foi a manhã em que Francisco, armado de couraça, lança, elmo, espada, na sela de um cavalo com bardas, partiu para a Puglia, onde o Papa e o imperador tinham seus exércitos em guerra. Bernardone estava certo de que o filho seria capaz de manter sua honra e já podia imaginá-lo de volta com o título de cavaleiro. Mas que cruel desilusão foi vê-lo, ao contrário, retornar depois de poucos dias, sem armas nem armadura, retraído e calado!

– O que aconteceu? – todos se perguntavam.

– Por que será que ele mudou desse jeito?

– Será que ficou com medo da guerra?

Não era possível! Bernardone conhecia bem a coragem e o entusiasmo daquele filho, que já tinha passado por situações muito piores no cárcere em Perúgia.

Os dias que se seguiram ao triste retorno de Francisco não foram em nada melhores. Pelo contrário! Foram marcados – segundo o modo de ver de Bernardone – por curiosas e incompreensíveis esquisitices do filho. Francisco doou tudo o que tinha: roupas, objetos pessoais e até mesmo a armadura. Comportava-se como um nobre sem dinheiro. Dava até pena.

– Por que agora essa vontade repentina de peregrinar até Roma para visitar o túmulo de são Pedro? – perguntava-se Bernardone. – Por que Francisco demonstrava comportamentos tão estranhos? Por que será que ficou tão irritado ao notar a avareza dos peregrinos e decidiu atirar sua bolsa cheia de dinheiro em direção ao altar, atraindo a atenção dos sacerdotes e dos visitantes? Por que, saindo da Basílica, juntou-se aos mendigos, trocando com eles a roupa e pedindo esmola ao seu lado?

Bernardone não sossegava. Estava desconsolado e desiludido. Além disso, o filho não mostrava nenhum interesse pelos negócios da família, preferindo andar perambulando pelos bosques e campos de Assis.

A mãe o via voltar para casa pensativo, silencioso, como se escondesse alguma coisa:

– Por que um filho rico, bonito, culto, admirado, com apenas vinte e quatro anos, se reduz, a tal estado? – perguntava-se em seu coração.

Mas outras surpresas ainda esperavam pelos pais de Francisco. Numa tarde, voltando do mercado de Espello, Bernardone encontrou a esposa chorando:

– O que ele fez desta vez? – perguntou a ela, preocupado.

Ela, soluçando, respondeu-lhe:

– Francisco fez um grande pacote com os melhores tecidos, foi vendê-los e, depois, entregou o dinheiro ao padre da igreja de São Damião para que ele a restaure. Desde então, não voltou mais para casa.

– Meu filho é um ladrão? – Bernardone gritou irritado – Mas qual será a nova aventura que ele foi se meter agora?

Bernardone começava a se dar conta de que aquele filho, sobre o qual havia construído tantos projetos, ilusões e sonhos, afastava-se cada vez mais dele para construir uma vida própria, diferente de tudo, incerta, distante de casa, da loja, dos negócios.

Clara, durante as discussões em família, soube de muitas outras coisas a respeito de Francisco, que ela, no entanto, considerou bastante positiva.

Dizia-se que ele tinha abraçado um leproso porque vira em seu rosto o rosto do próprio Cristo. Ele o lavou e cuidou de suas feridas malcheirosas. Alguns meses mais tarde, numa fria manhã de dezembro de 1206, ela também foi testemunha do que aconteceu na principal praça de Assis, quando Francisco, depois de ser criticado pelo pai e ficar trancado na adega – libertado depois pela piedade da mãe –, precisou submeter-se a uma espécie de processo público diante do bispo Guido.

A praça estava cheia de gente para assistir ao espetáculo daquela estranha disputa entre pai e filho. A principal causa era o roubo dos tecidos, mas no fundo também se encontravam as novas escolhas de Francisco, que declarava abertamente o desejo de dedicar sua vida aos mais pobres, aos abandonados, àqueles a quem a cidade punha para fora e desprezava.

Diante do bispo e de toda aquela multidão, Bernardone foi severíssimo:

– Eu acuso meu filho de roubo, de desobediência e de desprezo pela minha autoridade de pai.

O bispo, referindo-se ao roubo, muito bondosamente advertiu o jovem Francisco:

– A sua vontade de servir a Deus e à Igreja é admirável – disse-lhe. – Mas você não pode tirar o dinheiro do seu pai injustamente para fazer obras de caridade. Aquele dinheiro não é seu e, portanto, você deve devolvê-lo.

Francisco, então, para a surpresa geral dos presentes, começou a tirar suas roupas e tudo aquilo que trazia sobre o corpo. Ficou nu, como uma criatura que acaba de vir ao mundo, sem se envergonhar, ao contrário, com um sentimento de liberdade.

– Então – gritou o jovem – eu devolvo tudo. Não devo mais nada a ninguém. Agora o meu verdadeiro pai é o Pai nosso que está no céu.

O bispo aproximou-se dele e, com ternura, cobriu-o com seu manto:

– Vem, filho, vem comigo ao bispado.

E foi assim que Francisco, renunciando a todos os bens do mundo, iniciou a sua missão, moldando sua vida na imitação de Cristo.

A partir daí, com sua coragem, sua palavra e suas escolhas, tornou-se, também para o homem de hoje, um exemplo de fé e de desapego.

Clara escutava e meditava. Comparava as atitudes e as idéias de Francisco com os conselhos, os exemplos e as recomendações feitos constantemente por sua mãe. Ela lhe ensinava a amar os pobres, a conhecê-los, a ajudá-los pessoalmente. Não era aquilo que Francisco estava pregando e fazendo?

Admirada, ela dizia:

– Mas que coragem tem aquele jovem! Quanta convicção! Não tem nenhum medo ou fraqueza como os outros!

Justamente ele, que até pouco tempo atrás era amado, invejado, seguido, cortejado pelas mais belas moças, não só por causa da sua gentileza e de seus talentos, mas também pela riqueza de seu pai. Parecia mesmo inacreditável que estivesse agora vestido com farrapos e falasse de Deus e do amor ao próximo. Propôs-se a trabalhar como pedreiro e restaurador ao lado de seus novos amigos, convencidos pela pregação de Francisco e unidos pelo seu mesmo entusiasmo. Com eles, restaurou a igrejinha de São Damião e a Porciúncula, uma capelinha que ficava dentro da igreja de Santa Maria dos Anjos.

Quando os amigos, atraídos pelo seu carisma, começaram a se tornar numerosos, Francisco tomou coragem de ir a Roma, ao Latrão, onde ficava a sede do pontificado, falar com o Papa e pedir a ele que aprovasse uma Regra de vida – escrita por ele mesmo – para a sua nova comunidade.

O Papa ficou muito admirado com o fato de aquele jovem apresentar como proposta fundamental de sua Regra a obediência a ele, o Papa, e manifestar a vontade de viver o Evangelho ao pé da letra: em pobreza absoluta, amando o próximo e, principalmente, os mais necessitados.

No entanto, o Papa não acreditava que fosse possível que uma comunidade pudesse se manter viva sem possuir bens ou qualquer fonte de renda. Para a forma de pensamento dominante da época, não parecia possível praticar o Evangelho assim tão à risca.

– Uma vida assim, tão rígida e rica apenas de renúncias, está muito acima das forças humanas – advertiu o Papa. Mesmo assim, aprovou a Regra. Se tivesse dito "não", seria como afirmar que viver como o Evangelho manda era algo impossível.

Clara, ao saber dessa notícia, trancou-se no silêncio de seu quarto, meditou, sonhou. Nem pensou nos muitos rapazes que viviam a cortejá-la; seus sonhos eram muito maiores, mais profundos: viver em Cristo, por Cristo, com Cristo, pobre como ele, mas livre. Livre como aquele louco do Francisco, que já se considera o arauto* de Cristo, uma imagem humilde e transparente dele.

Também o bispo, ao saber da notícia, encarregou-o de fazer a pregação antes da Páscoa, durante o período da quaresma de 1209, na igreja de São Jorge.

Assis inteira correu para escutar o filho de Pedro de Bernardone. Muitos, na verdade, queriam verificar o estado de loucura de Francisco.

– Vamos escutar aquele maluco.

---

* Arauto: pajem ou cavaleiro que conhecia o cerimonial típico da cavalaria. Levava os desafios de batalha e os acordos de paz, reconhecia as insígnias dos participantes nos torneios e proclamava seus vencedores. O próprio Francisco tinha se definido *arauto de Cristo*.

– Vamos ver se ele é doido de verdade!

Clara dirigiu-se à igreja com a mãe e algumas companheiras. Foi mais uma revelação para ela, que se sentiu conquistada pelas palavras do jovem e por aquilo que ele dizia em sua pregação. Ela o escutou falar, cheio de paixão e fé, das penitências, de caridade, de desprezo pelas coisas do mundo. Sentiu-se conquistada pelo seu olhar, por seus gestos, pela sua pessoa como um todo, que quase se iluminava, inflamava-se, ainda que fosse muito frágil.

Embora vestisse roupas muito simples, Francisco parecia, aos olhos da jovem, muito belo e cheio de luz. "Parece que ele arde de amor por Deus!", pensava Clara.

A multidão o escutava, fascinada, imóvel.

– Não, Francisco não é um louco.

– Nós rimos dele, sujamos sua honra, zombamos dele e o ofendemos injustamente.

– Parece um apóstolo! Abriu mão de toda a riqueza e deu tudo aos pobres por amor a Cristo.

– Você reparou como os olhos dele brilham quando ele fala de caridade, de penitência, do grande amor que sente por Cristo?

– E como se inflama e se ilumina! Parece que o corpo inteiro vibra!

Clara saiu da igreja decidida:

– Tenho que encontrar Francisco. Preciso falar com ele.

Tornou-se muito importante para ela ver Francisco o mais rápido possível, falar com ele, pedir seus conselhos, abrir-lhe o coração, dizer que quer viver apenas para Cristo e para os seus pobres, tão pobres quanto ele.

"Tenho certeza de que Francisco irá me escutar e me apoiar!"

4
Domingo de Ramos

Nunca tinham se falado. No entanto, Francisco indiretamente conhecia o espírito bom e generoso daquela moça de família nobre que, de tempos em tempos, por intermédio de algumas pessoas caridosas, mandava comida, roupas e alguma esmola até a cabana, próxima a Porciúncula – local que ele havia escolhido como sua moradia. Ele também tinha notado a atenção e a intensidade com que aquela jovem de cabelos loiros seguia suas improvisadas pregações. Sabia que era filha do rico Favarone e que tinha outras duas irmãs, Inês e Beatriz. Sabia ainda que a mãe dela, Hortolana, era uma mulher piedosa e generosa.

Para combinar seu encontro com Francisco, Clara pensou em Bona de Guelfúcio, sua amiga de infância.

O encontro foi breve, mas intenso. Clara abriu seu coração a Francisco. Este escutava a tudo, tirava-lhe todas as incertezas, afastava todas as suas dúvidas.

– O que eu preciso fazer para alcançar a vida eterna, Francisco?

Essa pergunta era a mais urgente, a mais importante. Foi a mesma pergunta que o jovem rico fez a Jesus, como se lê no Evangelho, em Mateus 19,16-22, em Marcos 10,17-22 e em Lucas 18,18-30.

– Deixa tudo e segue comigo – respondeu Francisco, colocando em seus lábios as mesmas palavras de Cristo.

A jovem sentiu em seu coração que podia confiar cegamente nos conselhos de Francisco.

– Você será o meu guia, depois de Deus.

Ela aceitou de coração tudo o que ele lhe ensinava. Já fazia tempo que Clara pensava em mudar completamente sua vida de menina rica. Não era como as outras jovens, que se preocupavam apenas em vestir-se bem para causar boa impressão quando iam à praça. Essa jovem de família nobre, dedicava-se à leitura e à música, mas ainda assim sentia que era preciso dar um sentido a sua vida. Obrigada a escolher um marido para se casar, sentiu-se profundamente tocada pela frase de despedida de Francisco: "Deixa tudo e segue comigo".

Ela se perguntava, então: "Se aquela vida de liberdade, simples e pobre, se aquela vida de oração, de constante contato com a natureza e seu Criador, de dedicação aos pobres, posta nas mãos de Deus, pôde ser realizada por um homem, por que não é possível também por uma mulher?".

Era um desafio. E Clara decidiu aceitá-lo. Sentia-se madura o suficiente para tomar uma decisão drástica como aquela. Seguir a obrigação evangélica, recordada por Francisco e que há tempos martela em sua mente – "Deixa tudo e segue comigo".

Porém, seguir Francisco significaria enfrentar a família, ser odiada por todos os Favarone que, diante de tal pedido, certamente considerariam uma loucura e acabariam causando uma grande confusão. E a mãe? Poderia até entender, mas o poder dos homens da família logo faria com que ela se calasse. Não restava outra opção a não ser fugir. Ir embora de casa.

Clara comentou sobre isso com Francisco e seus amigos. Não era uma decisão fácil, nem indolor. Mas no final das contas, embora muito preocupada, acabaram entrando num acordo: decidiram que a jovem fugiria de casa na noite entre o Domingo de Ramos e a segunda-feira seguinte. No início da Semana Santa, no dia em que se comemora a solene e festiva entrada de Cristo em Jerusalém, Clara faria sua entrada, pobre e humilde, mas com a alma em festa, na Porciúncula.

Naquele domingo – 18 de março de 1212 –, Clara, como todas as outras jovens da cidade, assistiu à celebração eucarística na primeira fila; participou dos cânticos sem deixar transparecer sua decisão de fugir de casa. O segredo estava muito bem escondido em seu coração. Só o bispo estranhou ao vê-la tão pálida e quase imóvel no momento da cerimônia dos ramos. Desceu, então, do presbitério, onde fica o altar, e pôs nas mãos da jovem um raminho de oliveira:

– Dou-lhe a paz de Cristo. Guarde-a com você.

Este gesto tão delicado foi entendido por Clara como um sinal divino: Cristo, na pessoa do bispo, veio ao seu encontro, entregou-lhe um ramo e disse: "Vem e segue comigo".

Os hinos ecoavam entre as naves da igreja. Cantava-se:

Hosana ao Senhor.
Bendito o que vem em nome do Senhor.
Hosana ao Filho de Davi.

Clara não teve mais dúvidas nem incertezas. Sentia que Deus a chamava. Ela falou consigo mesma: "Não responder a ele seria jogar a minha vida fora". Estava decida a romper com a sua família e a sociedade, renunciando a tudo, abrindo mão de tudo, passando do ambiente privilegiado dos *maiores* para a miséria em que viviam os *menores,* indo ao encontro do desprezo, da vergonha, sem casa, família ou bens; seria radicalmente pobre.

Clara apertou o ramo sobre o peito. Isso lhe daria forças para esperar pela noite que ainda demoraria a chegar.

Os Favarone, ao contrário, entenderam no gesto do bispo algo completamente diferente: era o reconhecimento por serem uma família rica e respeitada em Assis.

Durante todo o dia, Clara manteve-se calada na maior parte do tempo. Em seu quarto, pedia a Deus: "Oh! Senhor, ilumina o meu coração. Dá-me fé intensa, uma esperança que não se desilude, uma humildade profunda, um amor incondicional".

À noite, participou do jantar, como sempre, em companhia de toda a família, esforçando-se para parecer natural e espontânea, escondendo a agitação dentro de si.

Depois, quando a criadagem começou a apagar as lamparinas e tochas, e todos se dirigiam para seus quartos, Clara olhou com muita ternura para sua mãe, que se preparava para rezar as orações da noite. Uma lágrima surgiu, depois um profundo suspiro: "Oh, Deus, faça com que ela entenda!".

5
Irmã Clara

Clara chega finalmente ao destino final de sua viagem. A fuga pela portinha que ficava nos fundos da casa, pela qual entravam as provisões e, nos dias infelizes, saíam os mortos, não levantou suspeita. A caminhada em direção ao bosque, facilitada pelo brilho das estrelas no céu, também não encontrou obstáculos.

Encontra-se agora na companhia de Francisco e de seus amigos. O abraço entre os dois jovens é comovente.

Sem hesitar, Clara e Francisco, seguidos dos outros, entram na igrejinha da Porciúncula. A pequena capela não tem enfeites, somente algumas flores do campo foram colocadas sobre o altar que, de tão modesto, contrastava com a beleza do ambiente externo, perfumado de giestas e violetas, e com a riqueza da mata exuberante, povoada de corças e pintarroxos.

O ritual previsto para aquela noite era muito simples, mas, ao mesmo tempo, também solene e de grande importância. Tudo precisava ser muito rápido, pois o dia já estava quase amanhecendo e logo a família de Clara notaria a sua ausência.

Cantam-se, então, as matinas, orações em louvor à manhã. As tochas acesas iluminam o rosto de Clara, que deixa transparecer toda a sua alegria.

Ela ergue o capuz preto sobre a cabeça. A capa longa e estreita cobre quase por completo o corpo de Clara. Seus longos cabelos loiros estão novamente trançados e presos por uma redinha, decorada com pequenas pérolas.

Por toda parte há um clima de festa, unido a uma espera entusiasmante.

Terminado o canto, a jovem ajoelha-se sobre o chão de terra, diante do amigo Francisco e de uma imagem da Virgem. Começa assim o ritual, que logo assume o sabor de uma liturgia de consagração. Algo entre o monástico e o cavaleiresco, a cerimônia muito se parece com os rituais dos grandes mosteiros para a vestição das postulantes, que desejam usar o hábito e ingressar na vida religiosa, mas também com as vigílias realizadas pelos cavaleiros antes da vestição de uma dama.

Recita-se uma oração em coro, depois todos fazem um minuto de silêncio, durante o qual cada um pede a Deus graças e bênçãos para a jovem Clara.

Com a voz firme, Francisco pergunta-lhe:

– O que você pediu?

– Seguir o caminho ensinado por Jesus.

– De que modo?

– Através da oração, da pobreza, da fraternidade.

– E por quanto tempo?

– Para sempre.

Clara decide que, com essa promessa solene, renunciaria a toda alegria terrena e ao patrimônio da família. Pede a Deus força para poder viver seu caminho de fé, cheio de renúncias, com humildade, pobreza e obediência, voltada somente para a glória de Deus.

– Entrega também sua virgindade a Deus?

– Sim, eu entrego.

Francisco, então, solta a loira cabeleira da jovem e, com uma tesoura, rapidamente começa a cortar os belos e perfumados cabelos de Clara, que caem aos montes sobre o chão úmido. Ela não dirige nem um só olhar às mechas. Está completamente concentrada no seu sonho paradisíaco.

Clara, então, cobre seu luxuoso vestido com uma veste escura, amarrando-a com uma corda grossa e, sobre sua cabeça de cabelos recém-cortados, põe um pedaço de pano retirado de um véu antigo. Deixa os sapatos de lado e calça as humildes sandálias.

A rica filha de Favarone de Offreduccio, a bela jovem invejada por muitas moças e cortejada por vários rapazes, acostumada com os vestidos bordados e com jóias preciosas, agora está coberta com uma túnica pobre e grosseira, sem mais os belos cabelos dourados, com a cabeça coberta por uma faixa de linho.

Novamente se eleva um canto aos céus. É o salmo 132, cantarolado baixinho e humildemente por todos os que ali estão:

Vinde e vede como é bom,
como é suave os irmãos viverem juntos,
bem unidos.

A emoção é grande e contagia a todos.

Francisco, então, diz:

– Que o Senhor permita que você consiga cumprir com lealdade, persistência e alegria tudo aquilo que prometeu a ele, para que assim você possa merecer a vida eterna. Que Deus esteja ao seu lado, Clara.

– Amém – respondem todos.

A cerimônia termina com um abraço e com o beijo da paz.

Clara está no auge de sua alegria:

– Deus, sou toda sua!

Francisco está comovido e já pressente em seu coração que aquela noite de 18 de março de 1212 marcará o início de uma grande aventura cristã, que permanecerá na história da Igreja e do mundo. Ele começa a ver realizar-se aquilo que um dia, enquanto estava trabalhando na reconstrução da igreja de São Damião, tinha gritado ao povo:

– Um dia, santas mulheres viverão sob este teto e ficarão conhecidas no mundo todo.

Os habitantes de Assis ainda estão adormecidos e ignoram o que aconteceu fora das portas da cidade. Não conhecem a luz daquela jovenzinha e como ela será capaz de iluminar muitas almas; não sabem que a partir daquela noite ela se tornará a mãe de uma multidão de mulheres que formarão o "ramo mais viçoso da planta franciscana".

Francisco, com o olhar voltado para o céu, cumprimenta sua "primeira plantinha" com um doce canto, que depois seria conhecido e admirado no mundo todo:

Sede louvado, meu Senhor, por Irmã Clara,
que é muito doce e humilde,
preciosa e casta.

É o momento da despedida. Francisco deixa Clara sob os cuidados de Masseo e Ângelo, para que a acompanhem até o mosteiro de São Paulo das Abadessas, perto de Bastia, na estrada para Perúgia. Não havia lugar para ela na Porciúncula, pois lá não prevalecia o direito de asilo, que excomungaria qualquer um que usasse de violência contra alguém que estivesse sob proteção da Igreja.

As abadessas a acolheriam durante um tempo, oferecendo-lhe um abrigo seguro contra uma possível tentativa da família de levá-la à força para casa.

Então, vestindo aquelas roupas humildes e sandálias nos pés, Clara encaminha-se, ao alvorecer de um novo dia, em direção a um futuro totalmente diferente do seu passado.

No dia seguinte, Filipe e Bernardo distribuem aos pobres as roupas e jóias luxuosas de Clara, que agora se vestia apenas com o manto do céu.

Clara e Francisco, aquarela de Guido Sfriso em Chioggia, no Vêneto.

6
A nova vida

Clara acaba de celebrar sua união celeste com Jesus Cristo.

– Deus, eu me apresento a você com minha pureza intacta e com o desejo de me entregar completamente ao Senhor, pois o meu coração arde de amor e caridade. Eu abri mão de toda riqueza para vestir apenas um velho manto de peregrina.

Ela se sente muito feliz. Tinha acabado de se despedir de Francisco que, antes de partir, lhe disse com grande satisfação:

– Você vai ser minha irmã na pobreza, a minha mais fiel e perfeita discípula, a protetora dos meus ensinamentos. Você será a flor mais bela de todas e se tornará a herdeira mais pura e mais sincera da minha obra futura.

A caminhada até o mosteiro das beneditinas não é longa, mas os pés delicados de Clara sangram um pouco, por não estarem acostumados a usar sandálias grosseiras como aquelas. Além disso, a saia rústica não lhe protege totalmente da brisa gelada da manhã. Ao longo do caminho, cheio de pedras e poeira, ela não deixa de fazer sua oração de agradecimento a Deus. Não se vê medo ou arrependimento na alma da jovem recém-consagrada. Pelo contrário, uma grande serenidade toma conta dela por completo.

As beneditinas, como previsto, recebem a jovem com grande alegria, embora soubessem que não demoraria para que os parentes furiosos aparecessem por ali para tentar, de todas as maneiras, levá-la de volta para casa. E de fato, assim que notaram sua ausência, os Offreduccio, com o tio Monaldo no comando, chegam ao mosteiro armados da cabeça aos pés, decididos a levar Clara com eles, a quem consideram estar louca.

A jovem encontrava-se orando naquele momento, em sua cela muito modesta, quando é avisada pelas monjas que seu tio Monaldo havia chegado ao mosteiro juntamente com um grupo de cavaleiros.

– O seu tio está aqui e com um monte de homens armados!

Eles gritam em voz alta:

– Vamos embora, Clara! Você se deixou levar pela loucura e pelo fanatismo daquele doido do Francisco de Bernardone.

Monaldo é o mais irritado:

– A sua fuga mancha a honra da nossa família, Clara. Volte para casa!

A honra da família é, na verdade, a maior preocupação de Monaldo e dos que ali estão. Por isso, deseja resolver tudo rapidamente e sem muita discussão.

Clara corre rapidamente até a igrejinha do mosteiro, sabendo que, por direito de asilo, ninguém pode tocá-la naquele lugar, pois seria excomungado.

– Deus, ajuda-me! – implora a jovem.

Os cavaleiros, então, invadem o mosteiro furiosos. Primeiro a ameaçam, depois prometem perdão.

– Sua mãe e suas irmãs esperam por você em casa, chorando.

Clara escuta, mas responde que não voltará.

– Agora eu sou esposa de Cristo e quero continuar assim!

Diante dessa decisão, tão firme e obstinada, Monaldo perde a paciência e dá uma ordem ao bando:

– Prendam Clara!

Ela tenta acalmá-los, procurando convencê-los através do diálogo, garantindo a eles que a sua decisão era muito firme e já havia sido tomada.

– É uma loucura, isso sim! – insistem os homens.

– Mas nenhuma outra mulher fez um gesto de loucura tão grande quanto esse que vocês estão fazendo agora!

Dito isso, os cavaleiros lançam-se sobre ela.

– Peguem-na!

Então Clara, com um salto, agarra-se à toalha do altar, quase como se esta fosse um escudo impenetrável. E ao notar que a ira do tio e dos homens armados não diminuía, com um gesto rápido puxa da cabeça o véu que a cobria, mostrando a eles os cabelos cortados, sinal de sua consagração a Deus.

– Vocês não podem tocar em mim. Eu pertenço a Deus!

Para os cavaleiros e para o tio Monaldo é um golpe decisivo. Diante do fato consumado, não lhes resta alternativa a não ser aceitar a situação. Irritados, vencidos e sem dizer uma só palavra, montam em seus cavalos e retornam a Assis.

Para Clara, pelo contrário, aquela foi a primeira e a mais importante vitória. Ajoelha-se no chão e com o olhar sobre o crucifixo canta um hino de agradecimento.

– Obrigada, meu Senhor!

Poucos dias depois, Francisco, sabendo do ataque, julga que o mosteiro de Bastia não é mais um lugar seguro para Clara e decide transferi-la para um abrigo mais distante e mais escondido. As beneditinas também achavam melhor assim, pois estavam preocupadas não só com o fato de terem com elas uma hóspede tão especial, mas também com a tranqüilidade do próprio mosteiro, já que, a qualquer momento, os parentes da menina poderiam retornar em maior número.

Assim, Francisco e alguns de seus companheiros levam Clara até o mosteiro situado nas encostas do Monte Subasio, escondido entre as oliveiras e também habitado por monjas beneditinas. Era o mosteiro de Santo Ângelo de Panzo, que ficava nos arredores do eremitério dos "Cárceres", próximo à igrejinha dedicada a são Miguel Arcanjo, escondida no verde do bosque.

– Aqui você vai se sentir ainda mais perto de Deus – garante Francisco.

Com efeito, naquele cantinho do paraíso, Clara pode finalmente dedicar-se à meditação, a seus pensamentos e com maior intensidade às suas orações. O mosteiro é tranqüilo e as monjas tomam conta dela com muita atenção, protegendo-a com todo cuidado.

Clara consegue também traçar um primeiro plano de vida, que se basearia cotidianamente na pobreza radical, na penitência contínua, na humildade mais profunda e na caridade sem limites.

Embora sofra com o drama dos parentes, que não aceitam sua escolha corajosa, encontra, contudo, uma grande serenidade na oração, que dia a dia torna-se mais ardente e inspirada. Ela reza também por seus familiares, para que compreendam e encontrem a paz.

Na rica casa de Assis, todos tentam de alguma maneira retomar a vida de sempre. A mãe Hortolana, sustentada pela fé, é a primeira a aceitar a ausência de Clara como uma vontade divina. Já os homens, depois do fracasso no mosteiro de Bastia, embora descontentes, tentam controlar a ira e esquecer a vergonha sofrida. Entre as irmãs, a que mais sente a falta de Clara, sem dúvida, é Inês. Informada provavelmente por Bona, consegue descobrir onde a irmã mais velha está refugiada e, de vez em quando, vai escondida encontrar-se com ela.

Um dia, enquanto as duas irmãs conversam no jardim do mosteiro, Inês confessa a Clara o seu desejo de unir-se a ela. A jovem tem apenas dezesseis anos, mas já encontra forças para confidenciar à irmã sua vontade:

– Eu também quero viver como você e me consagrar a Deus e aos irmãos.

Clara não parece surpresa com a revelação de Inês. Conhece bem a alma de sua irmã e sabe que nas suas veias corre o mesmo sangue que o seu.

– Lembre-se, Inês – diz Clara com doçura, – é melhor viver um só dia na casa do Senhor do que mil dias em qualquer outro lugar. Se você também puder experimentar a doçura do amor do Senhor!

E assim, dezesseis dias depois "daquela noite", escapando à vigilância dos familiares, também Inês foge da casa dos Offreduccio para chegar ao mosteiro de Santo Ângelo di Panzo, onde encontraria sua irmã mais velha.

Clara a recebe de braços abertos, com um sorriso no rosto:

– Eu agradeço a Deus por você ter me escutado, minha irmã.

As duas finalmente voltariam a ficar juntas.

– Isso, Inês, é a prova de que o amor de Deus é mais poderoso do que qualquer outra coisa no mundo.

– Sim, Clara. Eu lhe peço para me deixar ficar aqui e viver com você.

Porém, a alegria das duas irmãs por estarem juntas novamente dura muito pouco. Esta nova fuga irrita ainda mais os Offreduccio, principalmente por Inês já estar prometida a um nobre cavaleiro. O tio Monaldo segue em direção ao mosteiro, com seus homens armados. Ele está decidido a trazer Inês de volta.

As duas irmãs se abraçam.

— Clara, ajude-me — implora Inês à irmã.

Soluçando e agarrando-se desesperadamente à irmã mais velha, ela grita:

— Vocês não podem me levar embora! Eu também quero ser esposa de Cristo.

Dessa vez, porém, Monaldo não pretende ceder. Sabendo que Inês ainda não está consagrada, dá ordens aos seus homens para levá-la à força, seguro de não estar cometendo nenhum sacrilégio ou violação.

— Prendam a menina de qualquer jeito!

Os homens pegam Inês pelos cabelos, arrastam-na pelo chão e dão-lhe uma boa surra.

— Clara, socorro! — Inês grita desesperada. — Não deixe que eles me levem embora!

Clara não encontra outra solução a não ser ajoelhar-se e rezar:

— Oh, Deus, salva a minha irmã!

E, enquanto sua oração vai ficando cada vez mais intensa e fervorosa, Inês, machucada, torna-se, de repente, muito mais pesada do que o normal, como se o seu corpo fosse feito de chumbo. Apesar de todo esforço, nem dez homens conseguem erguê-la. Inacreditável! Nem mesmo com a ajuda de alguns camponeses da região é possível levantar aquele corpo, que está tão pesado quanto uma rocha.

— Não vamos conseguir! É pesada demais!

Monaldo, então, cego de ódio, ao invés de refletir sobre o fato extraordinário que acabou de acontecer, aproxima-se furioso de Inês e prepara-se para dar-lhe um soco. Porém, uma dor incrivelmente forte imobiliza o seu braço no exato momento.

Clara pára de rezar e se dá conta de que, naquele momento, Deus decidiu intervir.

Monaldo, morrendo de dor, de raiva e de vergonha, manda seu bando recuar.

Clara, então, pode se aproximar da irmã, que está desmaiada no chão.

— Inês, Inesinha, como maltrataram você, minha irmã!

Mas esta, assim que os homens armados afastam-se, levanta-se alegre e sorridente, sem demonstrar nenhuma dor. Está feliz e radiante. Enfim, ninguém mais a poderia afastar de Clara e do seu grande desejo de doar-se a Deus.

— Clara, eu estou bem. Não sinto nenhuma dor, nem estou machucada.

As duas irmãs retornam ao mosteiro e se dirigem à igrejinha. Ajoelhadas, agradecem a Deus.

Alguns dias depois, Francisco impõe o véu também a Inês. A alegria de Clara torna-se celestial quando, finalmente, pode sussurrar aos ouvidos de sua irmã:

— Levante, minha irmã. Vamos servir a Jesus, nosso querido esposo.

7
As damianitas

Ao refletir sobre o segundo ataque dos homens de Monaldo, Francisco decide organizar uma nova transferência de Clara.

– Irmãs, nem mesmo o mosteiro de Santo Ângelo de Panzo é tranqüilo e seguro para vocês.

Além disso, Clara e Inês não manifestam a vontade de tornar-se beneditinas. Embora desejem seguir a vida monástica, pretendem vivê-la segundo as suas próprias regras, o que prevê também algo positivamente novo, revolucionário. Enfim, que fosse mais fiel possível aos princípios do Evangelho, tomando como exemplo Jesus e sua Mãe Maria, e que se caracterizasse por longos momentos de contemplação e de produtiva renúncia.

Dessa vez, a escolha parecia ser a pequena igreja de São Damião, que Francisco tinha restaurado com suas próprias mãos e na qual uma voz misteriosa lhe disse: "Vai, Francisco, e repara a minha igreja que está em ruínas". E nessa modesta igrejinha, escondida entre as oliveiras, nesse lugar de paz, nasce a Segunda Ordem Franciscana, chamada de Damas Pobres, que se tornaria o alimento mais importante para o sustento da Primeira Ordem Franciscana, seu ramo masculino. Ambas, dedicadas à pobreza, à penitência e à oração, estariam unidas pela mesma doutrina.

Logo outras nobres jovenzinhas seguem o exemplo de Clara e Inês, todas dispostas a partilhar do mesmo ideal de vida, em profunda pobreza, penitência, contemplação e de acordo com o Evangelho. A primeira a unir-se a elas é Pacífica, filha do messer Guelfúcio, a mesma que ajudou Clara na fuga "daquela noite". Depois, juntam-se Benvinda e Filipa, já companheiras no exílio em Perúgia, e ainda Balvina, Amada, Cecília, Angelúcia e outras tantas, todas dispostas a oferecer a Deus a mais pura flor da sua juventude.

Os parentes já não põem mais tantos obstáculos; parecem compreender o imenso valor das escolhas de suas filhas.

E assim, São Damião torna-se um pequeno mosteiro, pleno de vida e de trabalho fervoroso. As moças arrumam da melhor maneira a sua humilde habitação. Enchem de flores o altar, decoram-no com toalhas novas, ajeitam os bancos, ajustam o chão de pedra. As camas são feitas de ramos de videiras, conhecidas como sarmento, e o travesseiro é apenas um tronco de lenha. A comida é quase sempre um pedaço de pão duro, que precisa ser umedecido na água, e um pouco de verdura. No entanto, são felizes. As comodidades, as riquezas, os vários jovens que as cortejavam são agora apenas uma lembrança distante que ficou para trás. Francisco conforta, anima e abençoa aquelas jovens. Consegue, também, a aprovação do bispo para esse novo modo de vida que elas estão levando.

Um dia, Francisco chama Clara e lhe diz com toda a segurança:

— Você é o alicerce desta nova comunidade. É minha "plantinha", minha filha espiritual e, comigo, a fundadora da Segunda Ordem. Você será a guia destas jovens, a superiora, a abadessa.

Clara se sente perdida. Não se considera digna. E além do mais, acredita que isso seria contra seus santos propósitos. Decidiu viver num mosteiro não para mandar, mas para servir.

— Não, Francisco. Eu só quero servir humildemente às minhas irmãs e ao meu próximo. Eu sou a última de todas, a serva das servas.

De nada adianta a insistência das outras jovens, que estão todas de acordo com a decisão de Francisco. Ele, então, sente-se obrigado a pedir-lhe que receba o cargo por obediência. Só então, embora hesitante, Clara aceita; mas, antes, pede a

Francisco que lhe indique bem as tarefas. Ele assim as diz:

– A abadessa deverá ser a primeira na virtude, mais ainda do que na dignidade, para que seu exemplo leve as irmãs a obedecê-la, mais por amor do que por medo. Deve também consolar as irmãs quando estas se sentirem tristes e será o seu principal refúgio quando estiverem angustiadas e aflitas.

Clara segue os conselhos de Francisco ao pé da letra. Se era humilde, passa a ser ainda mais; de irmã, passa a ser mãe de todas; torna-se a guardiã vigilante, consoladora e atenciosa, um exemplo iluminador. É a mais pobre das pobres, a primeira a iniciar a oração, a última a se alimentar do pouco alimento do qual dispunham, a mais esforçada nos trabalhos pesados, a mais preocupada em manter o silêncio e a ordem, a mais interessada em curar as doentes, em servir à mesa, em lavar os pés das irmãs que voltam da coleta de esmolas, a mais corajosa nas penitências.

Por ser uma alma sensível aos problemas cotidianos de cada uma, é capaz de entender toda dor. Não existe preocupação de alguém, sofrimento, angústia, desespero que não encontre lugar em seu coração. Não liga para o cansaço, nem para o fato de estar emagrecendo a cada dia.

Francisco, preocupado com sua saúde, sente-se obrigado a impor-lhe, mesmo que por obediência, que não passe um dia sem comer pelo menos uma pequena quantidade de pão. Clara sorri e obedece.

A pobreza das Damas de São Damião, a quem todos chamam agora de damianitas, é grande. Muitas vezes falta-lhes até mesmo o pão e as roupas são velhas, mas consideram este estado social um privilégio. Elas, que tinham vivido com todo luxo e riqueza, julgam sua situação, escolhida livremente, como um "Privilégio da Pobreza".

Fiel ao seu propósito de viver em "santa pobreza", na forma de vida que lhe foi ensinada por Francisco, voltada completamente para o amor de Cristo e das irmãs, Clara decide distribuir aos pobres tudo aquilo que recebe da venda de sua parte na herança paterna. Nem mesmo o próprio Papa consegue convencê-la de que as monjas poderiam se dedicar com maior tranqüilidade à oração se não tivessem que se preocupar com o sustento diário. Mas Clara é firme e consegue que o Papa, com grande sabedoria, lhe dê uma declaração escrita autorizando sua escolha de vida em total pobreza.

– Para mim, a pobreza é um privilégio, é um tesouro que guardo com muito cuidado. É a minha jóia mais preciosa, a herança celestial que recebi das mãos de Francisco.

Para confirmar isso, as próprias esmolas que as irmãs recebem durante suas saídas são quase sempre doadas aos pobres, assim como os lucros obtidos com trabalhos manuais.

***

Clara chegou a São Damião com dezoito anos e por lá viveria por mais quarenta e dois, ou seja, até sua morte. Nesse mosteiro, fortalece-se a sua extraordinária experiência com Deus e igualmente

Pequeno coro de santa Clara no mosteiro de São Damião, em Assis.

se inicia sua notável vivência em comunidade. Ela recomenda às irmãs:

– Jesus, Filho de Deus, é o nosso caminho. E este caminho, com a palavra e com o exemplo, foi nosso bem-aventurado pai Francisco, amante e imitador de Jesus, que nos indicou e ensinou.

A "plantinha" está para se tornar uma gigantesca árvore de santidade, que logo estenderá seus galhos poderosos e dará maravilhosos frutos em todos os continentes.

8
A pérola preciosíssima

Em pouco tempo, a comunidade de São Damião torna-se um verdadeiro refúgio de paz e serenidade. As "pobres mulheres", como Francisco costumava chamá-las, nunca se lamentam da miséria em que vivem. Ao contrário! Entre elas reina a alegria. Os cuidados que têm com os doentes e necessitados mostram uma dedicação admirável. Chamadas "Irmãs Servidoras", são como pérolas preciosas, dentre as quais Clara é a mais brilhante.

— Deus ficará contente se a nossa comunidade for rica, mas de pobreza.

— Vivendo na pobreza, nós podemos nos concentrar na contemplação de Cristo.

São estes os conselhos que Clara repete constantemente às suas jovens companheiras, e estas, quanto mais se sentem pobres, mais se consideram felizes e livres.

Clara passa seus dias serenamente, ensinando com sabedoria e virtude às amadas discípulas. Já Francisco prega com palavras de caridade, de amor, de paz, principalmente àqueles que sofrem, aos humildes e aos pobres, por toda a região. Ele exalta a escolha das damianitas e, com isso, enche de entusiasmo outras jovens moças, indicando-lhes o caminho para o refúgio de São Damião. Lá, Clara as conduzirá para os caminhos do céu.

O seu caminho é um vento místico de santa loucura. As palavras daquele frade magrinho fazem a doce Cecília, filha do messer Gualtieri Cacciaguerra de Spello, arder de amor divino. Ela permaneceria ao lado de Clara por quarenta anos, cuidando dela na doença até o momento da sua morte.

Francisco, de tempos em tempos, volta para visitar Clara no refúgio de São Damião. Ela o recebe, ajoelhando-se aos seus pés para ser abençoada por ele. Falam de Deus e do seu projeto em comum. Um dia, Clara, timidamente, pede a Francisco:

– Dê-me o prazer de comermos o pão juntos.

Francisco permanece calado. Sabe que ela não deve ser tão dependente dele; deve aprender a agir cada vez mais por conta própria. E além disso, um dos princípios mais importantes da Regra que Clara deseja seguir é o isolamento, a clausura: uma pobreza absoluta também de contatos humanos.

– A amizade em excesso pode fazer mal – afirma –, principalmente entre frades e monjas.

Clara concorda, mas, em seu coração, gostaria de se encontrar mais vezes com Francisco para ganhar força através de suas palavras. Ela ainda se lembra bem da tarde, não tão distante, quando, despedindo-se dele, perguntou-lhe:

– Quando nos encontraremos de novo?

E Francisco, olhando a neve que cobria todo o terreno ao redor, apontou para as moitas secas, e disse:

– Vamos nos rever quando as rosas nascerem.

Clara se lembra bem que, pouco tempo depois, já aceitando o fato de que só veria Francisco novamente na primavera, notou, com surpresa, que em volta dela a neve já havia derretido e que, por entre as moitas, nasciam belíssimas rosas. Colhendo uma delas, compreendeu que era vontade de Deus que eles nunca se deixassem. É em razão daquela lembrança, daquele acontecimento, que Clara pede a ele que compartilhem o pão.

Francisco não sabe bem se aceita ou não, mesmo sabendo que ele representa para ela a imagem viva do Evangelho. Os frades que convivem com ele o convencem, finalmente, a aceitar aquele desejo, tão puro e modesto.

– Você precisa dar esse prazer a Clara – insistem. – Ela é digna disso.

Chegam até mesmo a criticá-lo:

– Você não pode negar a ela o conforto da sua palavra.

– Não se esqueça de que ela seguiu Cristo e abandonou o mundo justamente por ter escutado a sua palavra.

Francisco, então, aceita, sob uma condição:

– Você virá comer conosco na Porciúncula, no mesmo lugar onde seus cabelos foram cortados e onde você foi consagrada a Deus. Será bom para você rever aquele lugar santo.

Assim, Clara, pela primeira vez desde que chegou a São Damião, sai do seu refúgio, revê a igreja tão pequenina e revive as emoções daquela noite. Ela está mais feliz do que nunca. Para acompanhá-la, vieram alguns companheiros de Francisco. O sol brilha alto. As flores do campo, em volta, exalam um perfume suave.

Clara, de pés descalços, mais frágil e mais pálida do que há tempos, retorna à igrejinha, ajoelha-se com devoção diante daquele altar da Virgem, que recebera seus cabelos e – algo ainda mais importante – as suas promessas solenes.

A humilde mesa está preparada sobre o chão. Todos estão ao seu redor: Francisco, Clara, uma irmã vinda com ela e os frades. Ele levanta o olhar para o céu e começa a falar de Deus, do amor de Cristo, da caridade, da oração, dos pobres. A sua voz vibra de alegria. Entusiasma-se. Inflama-se.

Para Clara, aquelas palavras são como um perfume. Sente-se em perfeita sintonia com ele e percebe que sua missão é a mesma dele, embora em frontes diferentes. Ela compreende que Francisco precisa dela, assim como ela também precisa dele, para tornarem-se mais fortes em seu objetivo comum de elevação espiritual. São duas almas entusiasmadas pela caridade, uma única imagem da santidade; uma complementa a outra.

Nesse meio tempo, a tarde cai. O pôr-do-sol parece diferente, muito vivo, de um vermelho brilhante. Parece que chamas muito altas desprendem-se do horizonte.

O povo reúne-se nos declives do campo. A onda de luz avermelhada aumenta, espalha-se sobre a planície e parece deter-se sobre a Porciúncula, que se assemelha a uma plantação de amoras. Todos se perguntam:

— Tudo isso é muito estranho, muito misterioso.

Outros observam o grupinho sentado sobre a grama:

— Parecem em êxtase, contemplando Deus.

O pouco pão permanece ali. Tinham matado a fome com um outro alimento, vindo do céu.

Na volta para São Damião, Clara sente-se tranqüila e ainda mais decidida a prosseguir na sua missão. Teve a confirmação de que Francisco é

Porciúncula, na Basílica de Santa Maria dos Anjos, em Assis.

o seu guia, o espelho no qual ela deve se refletir, a justificativa para todas as escolhas que fez, a razão para ser fiel a Cristo e à pobreza.

Francisco, do mesmo modo, depois daquela ceia tão especial, confessa ao confrade Leão:

— Sabe, cada vez que eu me olho no espelho d'água, eu vejo o rosto de nossa amada irmã Clara, que certamente está rezando por nós.

De fato, as orações de Clara são para Francisco, a fonte de todas as suas forças. Seria ela que um dia iria dizer a Francisco:

— Deus não lhe quer eremita, isolado de todos, mas pregador do Evangelho no mundo.

9
No ninho das
"pobres mulheres"

No decorrer do dia, em São Damião, Clara reserva para si as tarefas mais humildes, dentre elas, lavar os pés das irmãs que voltam à tarde, após pedirem esmola. Ajoelha-se e, com cuidado, lava e enxuga os pés geralmente machucados das companheiras. Depois os beija em sinal de agradecimento e estima pelo longo caminho percorrido e pelo bem que elas fizeram durante o dia.

Numa dessas tardes, uma das irmãs, não querendo que Clara se humilhe a ponto de beijar-lhe os pés, faz um movimento brusco. Porém, involuntariamente, acaba batendo sobre os lábios da abadessa, que começam a sangrar. Clara não consegue esconder a dor e as lágrimas, mas, sorrindo, toma o pé da irmã, acaricia-o, encosta-o aos lábios e o beija várias vezes.

Quanto à humilde refeição de cada dia, constituída quase sempre de pão, confia plenamente na Providência, embora, às vezes, também isso falte. Certo dia, irmã Cecília, encarregada da despensa, descobre que não há praticamente nada para comer, além de um único pedacinho de pão.

– O que vamos fazer? As irmãs estão quase todas em jejum desde ontem.

Preocupada, conta para Clara, que não se aflige, não se entristece, apenas diz à irmã espantada:

– Corta o único pão em duas fatias e manda uma aos irmãos que estão trabalhando para o mosteiro. A outra metade, divide-a em tantas porções quantas forem as irmãs.

A pobre irmã a olha assustada:

– Irmã Clara – diz ela, timidamente –, como é possível conseguir dezenas de fatias desse pequeno pedaço de pão? Só Jesus sabe fazer isso.

Clara sorri:

– Faz como eu lhe disse.

Irmã Cecília, obediente, volta à cozinha. Clara, por sua vez, vai até o oratório, ajoelha-se e começa a rezar.

– Senhor, pense em nós!

E acontece o impensável. Enquanto Cecília está fatiando o pequeno pedaço de pão, ela percebe, maravilhada, que as fatias multiplicam-se por debaixo de sua faca. Ela grita que é um milagre e chama por Clara.

– Clara, Clara, um milagre!

Esta, quase irreconhecível, faz com que ela logo se cale.

– Distribui o pão às irmãs e não conte nada sobre o que aconteceu.

Em uma outra situação, falta ao mosteiro o óleo para a lamparina do altar. Clara, então, lava bem a vasilha e a coloca sobre uma mureta, na espera de que o fradezinho encarregado da coleta de esmola passe para pegá-la. Quando o frade chega, descobre espantado que o recipiente está cheio até a boca.

Mas que maravilha! Ninguém passou por ali. Inês, a irmã de Clara, e o fradezinho não sabem explicar o que aconteceu.

– Se há pouco tempo estava vazia, como agora está cheia até a boca?

Somente Clara não se espanta. Mais uma vez suplicou ao seu Senhor e foi ouvida.

A vida de clausura das já numerosas irmãs transcorre assim, com serenidade. Revela-se um milagre de contínua oração, trabalho e silêncio.

– No silêncio, ouve-se melhor a voz de Deus – afirma Clara, com convicção. Ela não pára de pensar em uma Regra que dê diretrizes à Ordem das Damas Pobres. Uma Regra que nasça da experiência evangélica. Precisa ser, antes de tudo, uma Regra que deixe bem claro o seu papel de abadessa infinitamente pequena, sem mérito para tal tarefa; uma Regra que destaque o cumprimento desta missão em perfeita humildade.

E assim, começa a escrever:

Que a abadessa empenhe-se em estar à frente das outras mais pelas virtudes e santidade do que pelo seu cargo, para que, estimuladas por seu exemplo, as irmãs lhe obedeçam mais por amor do que por medo. [...] Console as aflitas. Seja também o principal refúgio daquelas que sofrem [...]. Conserve a vida comunitária em tudo.

Use de tal familiaridade com as irmãs, que possam falar e lidar com ela como as senhoras com sua serva. Pois assim deve ser: que a abadessa seja servidora de todas as irmãs.

Palavras que se confirmam, dia após dia. Se a noite é gelada, ela cede sua coberta à irmã com frio. Se uma irmã durante o sono não escuta o sino convocando para as Matinas – os cânticos litúrgicos antes do nascer do sol –, ela, amorosamente, a desperta. Se uma está doente, ela passa a noite inteira cuidando da enferma. Ela é a primeira a lavar e limpar os aposentos, a cuidar das feridas, a ceder sua túnica em melhor estado à irmã que tem a sua mais desgastada...

As irmãs admiram seu comportamento exemplar e todas dizem a mesma coisa:

– A sua humildade é tanta que até parece a menor de todas, a serva das servas. Nela vemos o rosto de Cristo, bom pastor.

Os dias, os meses, os anos passam. Sua irmã mais nova, Beatriz, também se une a elas, em 1229, por causa de uma força misteriosa que se chama amor de Deus.

Hortolana, que ficou sozinha no grande palácio em Assis, não se sente alegre e há certo tempo vem nutrindo um forte desejo:

– Eu também quero me juntar às minhas filhas.

Um dia ela se decide. É um Domingo de Ramos. Sabe que suas filhas estão no mosteiro e sentem-se muito felizes e serenas, porque deram um sentido às suas vidas.

Enquanto o grande sino da catedral toca, ela corre para São Damião:

– Quero ficar com vocês para sempre.

As filhas a abraçam. Não era exatamente uma surpresa para elas, que já esperavam pela vinda da mãe.

– Bendita é aquela que vem em nome do Senhor – diz Clara, acolhendo-a no seu refúgio. Ela será a superiora de sua mãe, que se torna uma das irmãs, a última das noviças. Não é preciso muita formalidade. Hortolana veste logo a túnica e o véu, pondo-se a serviço da filha.

– Não quero ser um peso para você – esclarece. – Espero apenas poder me adaptar logo a esta nova vida.

Clara a tranqüiliza. Mas que tarefas ela daria a Hortolana? Depois de pensar um pouco, diz:

– Como você se chama Hortolana, para honrar o seu nome, irá cuidar da nossa pequena horta.

E assim, a velha e rica senhora torna-se camponesa e será uma das testemunhas do milagre constante da Providência.

No entanto, a alegria de estarem todas juntas novamente dura pouco. Um dia, Francisco, numa das suas raras visitas, confessa a Clara:

– Vou para a Terra Santa, visitar os lugares que viram a passagem de Jesus. Passarei também no Marrocos, onde as pessoas também precisam ouvir palavras de paz.

Clara preocupa-se:

– O que faremos sem você?

– O Senhor será seu guia.

– Eu queria ir junto...

– Não, Clara. O seu lugar é aqui. De vez em quando, virão alguns dos meus frades para que se confessem e para trazer a vocês a Palavra do Senhor.

Pouco tempo depois, também Inês se separa delas. Francisco a envia para guiar um grupo de "pobres mulheres" em Monticelli, perto de Florença.

– A fama de santidade de sua irmã Clara está fazendo com que outras plantinhas germinem por toda parte – anuncia-lhe Francisco –, e ninguém melhor do que você, que sempre esteve a seu lado, para orientar na pobreza e na absoluta fidelidade ao Evangelho aquele grupo que acaba de nascer.

Inês parte. As coisas, no entanto, não se mostram tão fáceis. Aquele grupo se aproxima mais do modo de vida beneditino e é muito trabalhoso fazê-las aceitar uma mudança tão grande; uma vida de renúncia semelhante àquela adotada em São Damião. As cartas trocadas constantemente com Clara são um grande conforto para Inês.

Também na cidade vizinha de Spello floresce uma nova comunidade, e cabe a Balvina, uma amiga de Clara, guiá-la.

10
Eu me sinto bem aqui

Já faz tempo que Francisco partiu para sua viagem ao Oriente, onde fala de Cristo também aos inimigos dos cristãos.

Mesmo distante, ele não se esquece da sua "plantinha" de São Damião. Muito pelo contrário! Numa noite de verão, iluminada pela lua cheia, seu pensamento voa até Clara. Não a vê há muito tempo, não tem notícias suas, nem sabe como andam as coisas no mosteiro. Ele se inclina em direção a um grande lago para refrescar-se e, como num espelho, o céu e as milhares de estrelas refletem-se sobre a superfície da água.

De repente, Francisco toma um susto. Ele tem a nítida impressão de ver o rosto de Clara na Lua refletida na água. Ele vibra de alegria, pois tem a certeza de que Clara está viva, que a sua plantinha está crescendo e que continua dando novos frutos.

– Eu vi o rosto de irmã Clara na água, sorrindo para mim – comenta Francisco com o frade que o acompanha.

O pensamento segue em direção às damianitas. Ele acha necessário mandar a elas uma mensagem de encorajamento, um estímulo. Então escreve:

Já que, por inspiração divina, vocês se tornaram filhas e servas do grande Senhor, nosso Pai celeste, e casaram-se com o Espírito Santo, escolhendo viver segundo a perfeição do santo Evangelho, eu prometo, de minha parte e da parte dos meus frades, ser sempre cuidadoso e zeloso com vocês, assim como sou com os meus companheiros.

A viagem é muito cansativa e a saúde de Francisco, frágil. Quando finalmente volta do Marrocos, ele está quase cego e todas as tentativas dos médicos em curá-lo são em vão. Para piorar, aparecem umas "coisas" estranhas e milagrosas: feridas surgem em suas mãos, em seus pés e peito. Ninguém jamais se recorda de ter visto algo daquele tipo.

Francisco desmaia e cai de costas sobre a terra. O seu rosto, no entanto, parece expressar uma serenidade divina.

Clara sente um pouco de medo:

– É sem dúvida um privilégio raro e precioso para Francisco ter as chagas de Cristo em seu corpo – confidencia às irmãs –, mas isso fará muito mal a sua saúde. Felizmente ele virá para junto de nós e cuidaremos dele.

Francisco é levado a São Damião no lombo de um burrico e, posteriormente, sobre uma rede de vime que serve como maca. Sua febre está alta.

Ele é colocado numa cabana de bambus no jardim ao lado do mosteiro. As damianitas, por estarem em clausura, podem vê-lo apenas de longe. Seu rosto está pálido, os olhos quase apagados e as feridas doem cada vez mais.

Para aliviar seu sofrimento, Clara prepara-lhe faixas de linho para colocar sobre as feridas e calçados que lhe permitam caminhar com menos dor. Desse modo, Francisco pode passear pelo pequeno jardim do convento.

– Não se preocupe, Clara. O sofrimento abre as portas do Paraíso para mim. Eu sinto, no meu coração, que o Senhor perdoou todos os meus pecados.

Apesar de sentir naquele lugar o calor vivo e intenso do Evangelho, Francisco permanece pouco tempo em São Damião. Certa manhã, ainda cambaleando um pouco, levanta-se da humilde cama. O sol está maravilhoso, as andorinhas e rolinhas, rouxinóis e pombas, quase como se comparecessem a um encontro secreto, estão todos a seu redor. Francisco, com os braços elevados ao céu, o rosto iluminado, fala com Deus:

– Senhor, como é possível louvá-lo? Como cantar a sua misericórdia? Como lhe agradecer? Como lhe exaltar eternamente diante das suas criaturas?

E com um fio de voz, como inspirado de improviso, declama:

Altíssimo, onipotente, bom Senhor,
são vossos o louvor, a glória e a honra
e toda bênção...

O menestrel, que antes, vestido com as roupas mais luxuosas, enlouquecia as moças de Assis, agora, atormentado pelas chagas e pelo sofrimento, canta os louvores do Senhor.

– Eu me sinto bem aqui – tranqüiliza as irmãs –, mas meu lugar é na Porciúncula.

Cansado, levanta a mão e diz:

– Que o Senhor nos abençoe e nos proteja. Que ele nos mostre a sua face e que tenha piedade de todos nós. Que olhe por nós e nos dê a sua paz.

A melhora na saúde de Francisco é passageira, e as forças novamente o abandonam. No entanto, ele está decidido a voltar, mesmo sabendo que poderá piorar. Quando chega, não há nenhuma sombra sobre seu rosto. Pelo contrário, ilumina-se cada vez mais:

– A Irmã Morte será a minha libertação – diz a seus irmãos.

Sua voz ainda é intensa:

Seja louvado, meu Senhor,
pela irmã nossa, a morte corporal,
da qual nenhum homem vivente pode escapar.
Ai daqueles que morrerem em pecado mortal;
bem-aventurados os que ela encontrar
na vossa santíssima vontade,
porque a morte eterna não lhes fará mal.

Jamais alguém à beira da morte cantou algo semelhante em honra da morte.

Mais tarde, um frade dá a notícia a Clara:

– Frei Francisco morreu cantando os louvores do Senhor. Ele lhe pediu para não chorar, pois uniu-se ao seu Senhor. Você deve ficar feliz por ele.

No dia 4 de outubro de 1226, um dia depois de sua morte, o corpo de Francisco, recoberto apenas com uma simples túnica, é levado de Santa Maria dos Anjos até a igreja de São Jorge. Um longo cortejo, formado de pessoas do povo e do clero, acompanha-o, com hinos e cânticos, toques de trombeta e invocações. É o início da sua consagração.

O cortejo passa pela igreja das damianitas e se detém um instante para que Clara e as mulheres possam dar-lhe o último adeus. Os que levam o caixão aproximam-no da janelinha com grades do mosteiro. Clara está ali; ao seu lado, as irmãs estão em lágrimas. Nem ela nem as outras ousam tocar aquele corpo. Apenas o observam por um longo tempo.

Em certo momento, a grade é aberta. Clara pode finalmente beijar as mãos cruzadas de Francisco, acariciar seu rosto pálido e magro, cobri-lo de lágrimas. As outras irmãs, que se desfazem em lágrimas, também observam as chagas e começam a rezar. Em seu coração, elas têm certeza:

– Francisco está aqui e permanecerá para sempre ao nosso lado.

Clara também o sente; ela, a sua amada "plantinha", a sua mística herdeira já não chora mais.

– Adeus, Francisco. Jamais me esquecerei do seu exemplo e das suas palavras.

A dor imensa dá lugar a uma nova alegria: saber que ele já está na glória, ao lado de Deus.

11
O sinal-da-cruz

ois anos depois, o papa Gregório IX – em um processo de canonização extremamente rápido – declara santo o pobrezinho de Assis. A cerimônia solene acontece na própria cidade, numa basílica muito bem iluminada de velas e cheia de gente, tomada pelos cantos de ação de graças.

No entanto, Clara, a verdadeira glória de Francisco, não está presente. Ela permanece em seu mosteiro, reclusa, mas cheia de alegria pela santificação do seu mestre.

O Papa deseja vê-la, falar com ela e convencê-la a levar uma vida menos severa. Clara o recebe numa sala muito humilde, fazendo-o sentar em um banco velho e dizendo:

– Santo Padre, esta é a mobília do convento.

O Papa olha ao redor, comovido. Já faz dezessete anos que Clara vive em condições de absoluta pobreza. Ela está pálida, as mãos muito brancas e os olhos avermelhados. Parece muito sofrida. Seus movimentos estão lentos e pesados. O Papa, não se contendo, diz:

– Como consegue viver em tamanha pobreza? A sua forma de vida é muito severa!

A essa observação, Clara responde com voz serena e decidida:

– Cada um vive como Cristo lhe inspira, Santo Padre. Ele nos inspirou, através de Francisco, a viver assim, em perfeita pobreza.

– Mas eu posso liberá-las dessa missão e pedir que vocês suavizem essa pobreza terrível.

Clara não esmorece. Ela se ajoelha diante do Papa e encontra força para responder:

– Santo Padre, eu nunca quis ser dispensada de seguir Cristo desta maneira. Se o senhor quiser suavizar algum peso na minha vida, então me liberte dos meus pecados.

Gregório não diz mais nada para tentar convencê-la. Faz com que ela se levante e a abençoa.

– Eu volto – diz ele –, volto para compartilhar o pão com vocês.

E ele mantém sua palavra. Emocionado, senta-se novamente junto às mesas rústicas do refeitório, rodeado de irmãs e com o espírito em festa. Há flores do campo muito bem arranjadas, as janelas estão decoradas com ramos verdes e floridos. Sobre a mesa, destaca-se o grande cesto de pão e nada mais.

– Santo Padre, abençoe a nossa mesa.

O Papa, por delicadeza, recusa-se:
— É dever da abadessa.
Ele deseja que Clara abençoe a refeição. Ela também se recusa a fazê-lo.
— Eu não sou digna.
O Papa insiste, fazendo-a obedecer. Clara, então, de pé, levanta a mão direita e traça o sinal da bênção sobre o cesto de pães:
— Em nome do Pai, do Filho e do Espírito Santo.
Abaixa logo a cabeça e se senta. Não se dá conta do que tinha acabado de acontecer: sobre a crosta de cada pão surge uma cruz, visivelmente nítida.

Refeitório de São Damião, em Assis. O vaso de flores sob o afresco indica o lugar normalmente ocupado por Clara.

12
Eu, Clara, embora indigna...

Depois da morte de Francisco, Clara e as irmãs vivem da sua lembrança; com a alma livre e imitando suas virtudes.

Os dias transcorrem como de costume. Os primeiros raios de sol que aparecem já vêem Clara ajoelhada em oração, inclinada sobre as pedras do rústico pavimento do oratório, meditando sobre Jesus na cruz. De fato, a oração é para ela sua fonte de vida, seu alimento, além de uma necessidade da qual não pode abrir mão. Logo em seguida, as irmãs juntam-se a ela.

Todas as horas do dia são reguladas pelo toque do sino: um sinal para a oração, outro para o silêncio, outro para o encontro no refeitório, outro ainda para o trabalho. Quem está em condições de trabalhar, dedica-se à horta, à limpeza ou ao trabalho manual de confecção de toalhas e rendas para adornar as igrejas. Não existe espaço para o ócio.

A fama de Clara, humilde e irmã de todos, chega até as cortes européias. Conquista o coração de Constança da Hungria que, recusando as atraentes propostas de casamento, ordena a construção de um mosteiro, veste o hábito religioso e torna-se a guia de uma comunidade inspirada nas Damas Pobres de São Damião.

Misturada em meio à multidão, há muito tempo que Inês, a filha do rei Ottokar I da Boêmia, também foi conquistada pelas pregações dos frades franciscanos, que transmitem ao mundo a mensagem de Francisco e não cessam de falar do extraordinário gesto de Clara, de sua renúncia a toda riqueza. É atraída pela beleza e santidade de uma nova vida, inspirada na de Clara. Ela vence todos os obstáculos. Nada é capaz de detê-la. Decide, então, vender todos os seus bens e fundar um asilo-hospital para os pobres e doentes. Constrói o mosteiro de São Salvador e lá se fecha com outras amigas, também elas de boa família e levadas por seu entusiasmo e exemplo.

Inicia-se, assim, uma profunda e espiritual amizade entre o mosteiro de São Damião e o de Praga. Entre Clara e Inês cria-se um vínculo direto, repleto de sentimentos delicados e de projetos iluminados.

Nas cartas que envia a Inês, Clara mostra-se uma mestra das almas, uma verdadeira guia espiritual; fala um pouco também da própria vida interior e de sua experiência com Deus.

São páginas nas quais se manifestam lampejos de luz sobre sua vida e que revelam sua constante ascensão rumo à santidade.

Quando se ama as coisas passageiras, perde-se o fruto da caridade.

Eis a troca verdadeiramente digna de todo louvor: recusar os bens da terra para possuir os do céu; merecer os bens celestes ao invés dos terrestres; receber cem vezes mais e possuir a felicidade eterna!

O seu amor torna-nos felizes; sua contemplação, restaura; sua bondade nos sacia. A sua suavidade preenche toda a alma.

Juntamente com a Regra, o Testamento e as Bênçãos, as quatro cartas a Inês de Praga constituem os únicos escritos de Clara, tão belos e pessoais, que chegaram até nós.

A idéia de escrever seu Testamento nasce da vontade de deixar às suas irmãs um documento que esclareça o seu pensamento. Trata-se de um texto repleto de recordações pessoais e franciscanas, mas também de recomendações:

Eu, Clara, embora indigna, serva de Cristo e plantinha do nosso santo pai, deixo este escrito a vocês, minhas caras e amadas irmãs.

Em nome do Senhor Jesus Cristo, eu aviso e aconselho todas as minhas irmãs, presentes e futuras, que sempre se empenhem em seguir o caminho da santa simplicidade, da humildade, da pobreza e também uma vida honesta e santa, que nos foi ensinada pelo nosso bem-aventurado pai Francisco, desde o início de nossa conversão a Cristo.

Amando umas às outras com a caridade de Cristo, demonstrem por fora, através das boas ações, o amor que têm dentro de si, para que, estimuladas por esse exemplo, cresçam sempre no amor de Deus e na mútua caridade.

Dos textos de bênção, três foram conservados: um deles, endereçado a Inês de Praga, um outro a Ermentrudes de Bruges, fundadora de um mosteiro em Flandres, e um último dirigido às "irmãs e filhas", como ela carinhosamente chamava as monjas.

E as abençôo em minha vida e depois de minha morte, como posso e mais de quanto posso....

O texto da Regra, aprovada poucas horas antes de sua morte, representa o ponto de chegada de um longo caminho iniciado com Francisco, baseado na indicação evangélica de "perder a própria vida", como diz o evangelho de são Mateus no capítulo 10, versículo 39, e aperfeiçoado pelas experiências da fraternidade, da humildade, da penitência, do serviço e da caridade vividos pela própria Clara. Na Regra estão indicados os princípios de desapego total de si e do mundo: vender os próprios bens e doá-los aos pobres; a pobreza das roupas; a prática constante da oração, do trabalho e da penitência; o exercício da humildade, o cuidado com as irmãs, especialmente as adoentadas, e assim por diante. Em relação a isso, Clara escreve:

Sejam cuidadosas em preservar a unidade da caridade mútua, que é o vínculo da perfeição.

Muitas outras jovens européias unem-se ao ideal de Clara. Isabel da Turíngia é um exemplo das que socorreram os pobres e adoentados, suportando corajosamente as injustiças e os infortúnios. Além dela, Ermentrudes, a jovem que, tendo visto em sonho o pai pecador no inferno e a mãe gloriosa no paraíso, deixa sua cidade e, juntamente com uma amiga, funda em Bruges um pequeno mosteiro construído com pedras e barro, passando a se dedicar aos cuidados dos doentes e a socorrer os pobres.

Uma carta de Clara endereçada a Ermentrudes convida a jovem a renunciar a todos os bens terrenos, para amar a Cristo e seguir o seu exemplo.

Na Itália, os ramos da primeira plantinha de são Francisco se espalham até Monticelli, onde está sua irmã Inês; depois, para Arezzo, Perúgia,

Terni, Espoleto, Volterra, Pisa, Bolonha, Cremona, Verona, Veneza. Em 1228, contam-se vinte e três mosteiros. É o início de uma propagação que ainda hoje continua a acontecer.

13
A arma da oração

Já faz vários anos que Francisco morreu. Clara se sente cansada e come muito pouco; no entanto, apesar de estar cada vez mais enfraquecida, continua a cuidar das doentes.

Um dia, uma delas, já bastante debilitada, manifesta um desejo inocente de comer fogaça e trutas. A pobreza do mosteiro não prevê semelhantes "guloseimas". No entanto, pouco tempo depois, um jovem desconhecido bate à porta do convento, dizendo ter recebido a ordem de entregar um pacote às irmãs. Elas o abrem e encontram uma fogaça e algumas trutas.

Naquele dia, Clara também comeu, de bom grado e com apetite. Negar a comida teria sido, naquele momento, uma humilhação para a pobre irmã doente. Julgou que a caridade era mais importante do que qualquer jejum.

Os anos passam e no mosteiro de São Damião a vida segue em paz, embora o dia-a-dia seja difícil. O silêncio do mosteiro conduz à contemplação. Do lado de fora, porém, chegam más notícias.

Um exército de sarracenos, financiado pelo grande Frederico II da Suábia, imperador do Sacro Império Romano Germânico, avança perigosamente em direção a Assis e pretende conquistar uma faixa da cidade e dos castelos do centro da Itália, que se estende desde o Mar Tirreno até o Mar Adriático, com o intuito de conquistar amplos espaços de movimento, no caso de uma ofensiva ou de defesa. Além disso, os inimigos desejam vingar a vergonha sofrida anos atrás, quando Conrado de Lutzen foi expulso da cidade pela multidão.

São milhares de sarracenos e, entre eles, existem oportunistas que desejam saquear também o mosteiro de São Damião, com a intenção de seqüestrar as monjas enclausuradas e arrancar dos parentes ricos grandes somas de dinheiro, sob a ameaça de matá-las.

Clara está em seus humildes aposentos, adoentada, quando as irmãs, tomadas pelo medo, aparecem para lhe dar a notícia:

– Irmã Clara, os sarracenos entraram no mosteiro. Proteja-nos!

Pela lógica, seria um pedido absurdo. Afinal, o que poderia fazer uma pobre mulher doente?

Erguida por algumas irmãs, Clara se levanta e vai até o oratório, onde cai de joelhos:

– Senhor, eu não posso fazer nada. Defenda suas humildes servas e esta cidade.

Uma voz misteriosa parece pairar no ar: "Eu as defenderei".

Os bárbaros se aproximam cada vez mais. Já se ouvem os seus gritos; já se percebem as suas más intenções.

– Vamos saquear o mosteiro!

Eles se encontram a poucos passos das irmãs. Clara está tranqüila. Retira do tabernáculo o ostensório, onde está guardada a hóstia sagrada.

– Não se preocupem – diz ela com firmeza. – Deus está conosco. E estará sempre, enquanto continuarmos a obedecer aos seus santos mandamentos.

O bando de bárbaros está cada vez mais próximo. Clara, irreconhecível, levanta o ostensório, a sua arma divina. Os bandidos ficam aterrorizados, gritam de espanto. Muitos caem desmaiados no chão, outros fogem desordenadamente. O mosteiro está salvo.

Clara volta ao seu leito. Mais uma vez, a fé se revela para ela, em meio a todo perigo, motivo de grande tranqüilidade e segurança. As irmãs, ao seu redor, abraçam-na, mas ela lhes aconselha:

– Enquanto eu estiver viva, vocês não devem revelar a ninguém o que aconteceu.

A paz está de volta.

Um ano mais tarde, em 22 de junho de 1241, Frederico II da Suábia entra novamente em guerra contra o Papa em busca de poder. As tropas do seu capitão já estão próximas aos muros de Assis, prontas para invadir a cidade e saqueá-la. A luta é desigual. De portas trancadas, os moradores já se preparam para se defender ao longo dos muros da cidade, sobre as fortalezas, entre as ameias das torres do castelo. Esperam, ansiosos, a difícil batalha, já considerada perdida.

– A vitória será nossa! – gritam os inimigos.

A trágica notícia chega até o mosteiro de São Damião:

– As tropas do imperador estão prontas para atacar Assis!

Clara chama as irmãs.

– Nós recebemos muitas dádivas dessa nossa cidade. Precisamos rezar para que Deus a salve.

E ordena a elas que descubram a cabeça e coloquem cinza sobre ela. É um ato penitencial. Depois, reúne todas no oratório para rezar.

Clara chora e suplica ao Senhor por sua querida cidade. E novamente a arma da oração leva vantagem sobre a maldade e a tirania. Tomados por um medo incontrolável, os inimigos fogem. O sol poente envolve o mosteiro de uma luz celestial.

Até hoje esse fato é celebrado pelos habitantes de Assis, no 22 de junho, com o nome de "festa do voto".

Clara e a força da Eucaristia, de irmã Maria Giuliana dell'Eucaristia, no mosteiro Coração Imaculado de Maria, em Porto Viro (Rovigo).

14
Com o Menino Jesus

As crianças amansam o coração de Clara e são as primeiras a alcançar milagres.

Um menino de Espoleto havia enfiado uma pedrinha no nariz e ninguém conseguia tirá-la, a ponto de correr o risco de morrer sufocado. Levam-no, então, até Clara, que o abençoa com o sinal-da-cruz e, logo em seguida, ele se salva. Outro garoto, de Assis, sofre de uma infecção glandular maligna e está com uma febre altíssima. Também dessa vez o sinal-da-cruz, traçado pela abadessa, salva sua vida. Trazem-lhe também, de Perúgia, uma criança ameaçada de perder um olho. Depois de abençoá-la, Clara a coloca nos braços de sua mãe Hortolana e diz:

– Quero que você, que é mãe, dê alegria a uma outra mãe angustiada de ver sua criança curada.

E assim foi.

Mas é a um outro menino que Clara doa toda a sua ternura: o Menino Jesus, tão amado por Francisco. Por várias vezes, inclinada sobre a pequena imagem do Menino, colocada no modesto presépio do oratório, aconselhou as irmãs:

– Vejam a pobreza dele, coberto de paninhos tão humildes. Que exemplo maravilhoso de humildade! O Rei dos Anjos, o Senhor do Céu e da Terra, colocado numa manjedoura!

Em um dia da Semana Santa, enquanto as irmãs estão reunidas no oratório escutando a pregação de um jovem frade, uma delas vai à cela de Clara, que está acamada. Para sua grande surpresa, ela a encontra com um menino belíssimo em seus braços. Custa a crer no que está vendo, mas uma voz muito doce sussurra em seu ouvido: "Eu estou entre vocês".

Clara se dá conta do susto da irmã e lhe ordena:

– Não conte a ninguém!

Como outras testemunhas afirmaram, esta não foi a única vez que Clara segurou o Menino Jesus em seus braços. Certo dia, em 1250, com o agravamento de sua doença, as irmãs, acreditando que ela esteja muito próxima da morte, chamam o sacerdote para dar-lhe a comunhão. Surpresas, elas vêem na hóstia santa a face sorridente de um menino, enquanto, sobre a cabeça da doente, surge uma luz divina.

Algo ainda mais surpreendente acontece no Natal de 1252. Dores muito fortes atormentam Clara e impedem-na de ficar na companhia das outras irmãs no coro, durante a missa da meia-noite.

– Façam um belo presépio – recomenda-lhes –, um presépio que deixe Francisco feliz.

Tendo ficado sozinha, começa a orar. Seu coração está angustiado por não poder participar da

Porciúncula: altar e políptico com episódios franciscanos, de Hilário de Viterbo (século XIV).

missa e unir a sua voz, ainda que frágil, aos louvores que as irmãs estão cantando ao Menino Jesus.

Aquela noite sagrada, porém, reserva a ela uma dádiva milagrosa. Sente-se levantar, como que sustentada por mãos invisíveis e segue até Santa Maria dos Anjos, onde, com grande alegria, participa da missa solene de meia-noite, entre os cantos e músicas suaves. Recebe também a comunhão. É como se um pedacinho do paraíso se abrisse para ela. Seu rosto está ainda mais radiante, enquanto uma profunda alegria invade seu corpo por completo e toda a sua dor física desaparece.

– Meu Senhor, eu lhe agradeço por não me deixar sozinha nesta noite abençoada.

Naquele Natal, o impossível, o impensável aconteceu. Canta-se uma nova canção, que vislumbra a cidade santa que desce do céu.

15
Livres na pobreza

Às vezes, observando o Cristo crucificado, Clara chora. E também sofre com as tentações. Uma noite, um jovenzinho vestido todo de preto aproxima-se dela e lhe diz:

— Não chore assim. Você vai acabar ficando cega!

— Quem ama a Deus nunca ficará cego — responde Clara.

Mas ele insiste:

— Se você chorar, o seu cérebro vai se desfazer e o seu nariz vai ficar torto.

— Quem serve ao Senhor não sofre nenhuma deformação — é a sua resposta.

Irritado, o maligno, então, lhe dá uma bofetada no rosto.

— Jamais me cansarei de chorar por Jesus crucificado.

Durante a Semana Santa, a sua união com os sofrimentos de Cristo torna-se ainda mais intensa. Na quinta-feira, durante o entardecer, enquanto medita sobre a tristeza de Jesus no Getsêmani, é tomada por um êxtase e permanece imóvel sobre seu leito, até a tarde de sexta-feira. Uma irmã tenta sacudi-la, acende uma vela, procura lembrá-la da promessa feita a Francisco de não deixar passar um dia sem comer um pouco de alimento. Obedientemente Clara volta a si, vê a irmã, a vela acesa e pergunta admirada:

– Por que essa vela acesa? Por acaso já anoiteceu?

– Minha madre – responde a irmã –, a noite já passou, e um dia inteiro também.

***

Desde o início, poucos meses depois de sua entrada no mosteiro, Clara, considerando a rápida expansão da comunidade e reflctindo com as outras jovens, ressaltou, por diversas vezes, a importância de se ter uma Regra de vida.

Francisco também logo se deu conta de tal necessidade. E foi ele, incentivado por Clara, a ditar à comunidade uma "Forma de vida da Ordem das Damas Pobres de São Damião", dando destaque à humildade, à pobreza, ao sacrifício e à fraternidade.

Nos anos seguintes, várias Regras de vida foram sugeridas por cardeais e até pelos papas Inocêncio III e Gregório IX. As damianitas se viram obrigadas a assumir uma Regra parecida com a das beneditinas. Clara, embora não concordasse, aceita por obediência, mas mantém os costumes de São Damião.

– É um tesouro especial, escondido – dizia ela –, com o qual se pode conquistar aquele que do nada criou todas as coisas.

E depois, completava:

– A nossa pobreza é apaixonada. Abraçando Cristo crucificado, abraçamos a dor e a morte, a solidão e o abandono dos mais pobres, dos últimos, dos que estão colocados de lado, dos oprimidos. A pobreza total nos torna livres de todas as preocupações e, assim, podemos nos dedicar completamente à oração.

– Quando reza – comentam as irmãs – a nossa abadessa fica mais iluminada e mais bela do que o sol.

Um dos pontos mais importantes para Clara era o reconhecimento do privilégio de viver sem privilégios, escolhendo o Evangelho como ponto de partida, deixando-se levar totalmente pela vontade da Providência.

Quando o papa Gregório IX a visitou em segredo, por ocasião da canonização de Francisco, quis ver com os próprios olhos tamanho rigor de vida. Ele escutou os pedidos de Clara, mas insistiu:

– A mãe Igreja não pode permitir que suas filhas prediletas vivam com tão pouco e sem nenhuma defesa.

– A nossa defesa – rebateu Clara – será Cristo crucificado e o seu Vigário na terra.

O Papa esforçava-se para entender como alguém lhe pedia para viver na pobreza, enquanto os outros mosteiros desejavam cada vez mais privilégios e favores. A verdade é que Clara precisou lutar muito para poder permanecer pobre.

– Jesus me basta – repetia com insistência. – Desde que conheci a graça de meu Senhor Jesus Cristo por meio de seu servo Francisco, nenhum sofrimento me incomodou, nenhuma penitência foi pesada demais para mim, nenhuma doença foi severa comigo.

Não foi fácil obter a autorização para viver em perfeita pobreza. A autoridade eclesiástica dizia:

– Como é possível viver uma pobreza tão rigorosa? Tão absoluta?

A resposta de Clara era firme:

– Com a ajuda da Providência. O Senhor não abandona as suas servas!

Nesse meio tempo, o papa Gregório morre e é sucedido por Inocêncio IV.

Durante uma das suas visita a Assis, Clara pede-lhe com insistência que aprove a sua tão desejada Regra. Com um gesto de grande humildade, beija-lhe as mãos e os pés, e pede que ele perdoe os seus pecados, pois sabe que lhe resta pouco tempo de vida.

– Santo Padre, eu preciso ser perdoada de todos os meus pecados.

O Papa responde emocionado:

– Quem me dera a minha alma fosse tão pura quanto a sua! – e a abençoa.

Sua vontade é atendida na manhã de 10 de agosto de 1253, quando o cardeal Rinaldo, bispo de Óstia e de Velletri, chega a São Damião com a bula tão esperada. Era um rolo de pergaminho grosso, cuidadosamente lacrado com fitas e um selo de chumbo, que trazia representada a imagem dos santos Pedro e Paulo e o sinal das chaves. Havia também um lacre de cera, sobre o qual estavam impressos o selo pessoal do Papa e a sua assinatura.

Embora muito doente, Clara toca a bula e a beija várias vezes, enquanto seus olhos se enchem de lágrimas. Aquele documento papal representava seu maior consolo e a certeza de que a sua escolha de vida não só era compartilhada com a Igreja, mas que seria mantida no futuro. O documento continha exatamente aquilo que foi aconselhado e desejado pelo próprio Francisco quando, nos últimos anos de sua vida, escreveu assim:

Eu, Frei Francisco, pequenino, quero seguir a vida e a pobreza do nosso Altíssimo Senhor Jesus Cristo e de sua santíssima Mãe, preservando-me nela até o fim.

Peço-lhes e lhes aconselho que vivam sempre nessa santíssima vida de pobreza. Cuidem para que não se afastem dela.

Duas lágrimas caem pelo seu doce rosto, enquanto aperta contra o coração o pergaminho. Nenhuma palavra, nenhum comentário. Parece que está em êxtase. Agora, está pronta para morrer.

16
O abraço da Virgem

Um vai-e-vem de monjas e de frades segue ao redor da cabeceira da cama de Clara. Ela suporta tudo por amor a Deus.

– A virtude só melhora na doença – sussurra com voz fraca.

Tem dificuldade para se alimentar e quase já não consegue mais levantar as mãos. Só os olhos permanecem vivos e brilhantes, pois desejam ver o Senhor.

A notícia do agravamento de seu estado espalha-se para além dos muros de São Damião, chegando a Monticelli e aos ouvidos de sua irmã Inês, que vem ficar junto dela:

– Clara, minha irmãzinha, não me deixe.

– Minha amada irmã, não chore. O Senhor quer que eu vá para junto dele. Não chore. Eu vou estar sempre perto e, em breve, você estará comigo.

Olhando para cada uma das irmãs que estão a seu redor, Clara lhes recomenda:

– Nós precisamos ser como um espelho que reflete a luz de Deus para todos no mundo.

E complementa com firmeza:

– Amem sempre a Deus e não deixem que nenhuma tristeza tome conta do coração de vocês.

Depois, diz para si mesma:

– Vá, minha alma, vá em paz.

Com os olhos entreabertos, acrescenta com a voz bastante firme:

– Oh, Senhor, seja sempre abençoado.

As irmãs presentes, temendo que a sua abadessa estivesse delirando, aproximam-se assustadas do seu leito. Mas o rosto de Clara está tranqüilo e iluminado. Uma delas, curvando-se sobre a abadessa, pergunta-lhe com quem ela está falando.

– Eu falo com a minha alma, contemplo, vejo o rosto da Rainha do Céu.

Uma luz intensa, viva, penetra pela porta entreaberta e ilumina todo o quarto.

– Madre, a senhora está vendo nosso Pai?

– Sim! O Rei da Glória. Eu o vejo!

Um cortejo de virgens vestidas de branco e com grinaldas de ouro sobre a cabeça aproxima-se do pobre leito de Clara. Dentre elas a mais bela, a Virgem Maria, se inclina carinhosamente em direção ao corpo de Clara e a acaricia. Um brilho especial espalha-se entre as escuras paredes da casa, a ponto de fazer parecer dia em plena noite. As virgens abrem uma capa incrivelmente bela e, competindo umas com as outras pela honra de realizar a tarefa, revestem o corpo de Clara e enfeitam o quarto. É o dia 11 de agosto de 1253. Um forte perfume de rosas espalha-se por todo o quarto, enquanto aquela alma santa deixa a vida mortal para ser premiada com os louros da vida eterna.

Seja louvado, meu Senhor, por irmã Clara.

É Francisco quem canta e a recebe no céu.

A notícia da morte de Clara espalha-se rapidamente por Assis e pelos arredores.

– Oh, santa Clara, rogai por nós! – pedem todos em coro.

Participam também do funeral, celebrado no dia 12 de agosto, o Papa e diversos cardeais. Estes, por diversas vezes, apóiam as cruzes que carregam sobre o corpo da abadessa, colocando também os seus anéis de pastores nos dedos da mão de Clara, pois acreditam que aquele corpo virginal é capaz de santificá-los com um simples toque.

Clara é transportada em cortejo por entre os ciprestes e as oliveiras para ser sepultada na igrejinha de São Jorge, exatamente onde Francisco está enterrado. Atravessando a cidade, o cortejo passa em frente à casa dos Offreduccio, chegando bem perto da "porta do morto", a porta da grande decisão.

A igreja está transbordando de gente.

– Clara não merece o luto – comenta-se. – Seria melhor se, durante a cerimônia, os cantos fúnebres fossem substituídos por outros mais festivos e alegres.

As Damas Pobres, recolhidas em oração, reúnem-se ao redor do caixão da sua fundadora, da sua guia espiritual. Em sua honra, decidem assumir a partir daquele momento o nome de Clarissas.

Entre os dias 24 e 28 de novembro daquele mesmo ano, desenvolve-se o rápido processo de canonização, no qual muitas damianitas servem de testemunha. Uma delas, ao se referir à morte de Clara, afirma: "No dia seguinte, Clara deixou esta vida e foi para o lado do Senhor, sem mancha nem pecado". Uma mulher límpida como a água e luminosa como uma estrela.

No dia 12 de agosto de 1255, na catedral de Anagni, o papa Alexandre IV proclama Clara de Assis santa, indicando-a como modelo para todas as virgens devotas e penitentes. Ela é inscrita no calendário dos santos da Igreja, e sua festa litúrgica celebrada no dia 11 de agosto. A bula de canonização está repleta de elogios às virtudes da santa.

No atual martirológio romano, o catálogo que marca a data em que cada santo ou mártir é celebrado, no dia de 11 de agosto está escrito: "Em

Assis, na Úmbria, o natal de santa Clara, virgem e primeira planta das Damas Pobres da Ordem dos Menores, a qual, célebre por sua vida e por seus milagres, foi inscrita no número das santas virgens pelo papa Alexandre IV e declarada celeste patrona da televisão pelo papa Pio XII".

Hoje, o corpo da santa repousa numa cripta, na majestosa basílica que leva seu nome, em Assis. As clarissas transferiram-no após uma breve permanência na antiga igreja de São Jorge, a mesma

Basílica de Santa Clara, em Assis.

onde também ficou por pouco tempo o corpo de são Francisco.

Por seiscentos anos, os restos mortais de Clara permaneceram conservados em um túmulo de pedra, sob o altar-mor da basílica. Somente em 1850, foi exumado e hoje pode ser visto ainda em bom estado através dos vidros da urna.

17
Na glória dos santos

São numerosos os testemunhos das irmãs, os quais foram relatados nas Atas do Processo de Canonização, o que evidencia a fama de santidade de Clara. Muitos são os milagres atribuídos a ela, seja em vida, seja depois de sua morte.

Conta-se que devolveu a voz a uma das irmãs de seu mosteiro, que a tinha perdido quase completamente, e a uma outra, que não podia falar, restitui-lhe o dom da palavra. Também devolveu a audição a uma irmã que estava surda de um ouvido e com um simples sinal-da-cruz curou a úlcera de uma companheira. Acredita-se, ainda, que tenha curado um doente de epilepsia, incapaz de caminhar devido a um problema na perna, e que foi levado a seu túmulo, e muitas outras pessoas.

Um dos primeiros milagres realizados após sua morte foi o do jovem Giacomello. Cego havia doze anos, muitas vezes, em sonho, ele tinha visões de Clara, que o convidava para ir visitar o seu túmulo em Assis. Enfrentando todas as dificuldades, finalmente ele conseguiu chegar à basílica e, depois de abrir passagem entre a multidão, alcançou o túmulo, tocou-o e beijou-o. Uma voz misteriosa, então, sussurrou-lhe ao ouvido: "Levante-se, Giacomello. Você está curado. Olhe a multidão a seu redor!".

– Eu estou enxergando! Estou enxergando! Santa Clara me curou!

Lágrimas de alegria correram por seu rosto, enquanto os peregrinos cantavam um hino de glória.

Como já foi dito, também foram verificados acontecimentos extraordinários enquanto Clara ainda era viva. Além do prodígio durante o ataque dos sarracenos, houve também um caso de clarividência, uma previsão de algo que aconteceria no futuro, que se manifestou quando ela recebeu a visita de Amada, filha do messer Martino de Coccolano. A jovem estava radiante de alegria e desejava comunicar à abadessa que iria se casar com um belo cavaleiro. Porém, dentro de si, ela pensava: "Quem sabe Clara, distante do mundo há tanto tempo, conseguirá compreender a minha felicidade. Espero, ao menos, que ela me abençoe". Quando Amada chegou ao mosteiro, Clara estava rezando na igrejinha:

– Eu lhe peço, Senhor, que proteja essa futura esposa e, principalmente, não deixe que ela seja enganada.

O encontro da jovem com a abadessa foi alegre. Amada lhe descreveu os preparativos, os presentes recebidos, o enxoval. Clara escutou tudo em silêncio.

– O meu casamento será maravilhoso – garantiu-lhe a jovenzinha.

Clara, muito séria, respondeu:

– Vaidade.

– Sabe, eu já tenho um porta-jóias cheio de pérolas.

– Vaidade, minha querida. Vaidade.

– Vou receber muitos hóspedes.

– Vaidade.

– O meu futuro marido diz que me ama muito.

– Existe um marido que lhe ama muito, muito mais.

– Impossível. Quem poderia ser?

– Não é marido terreno.

– E como ele se chama?

– Jesus. Amou-lhe tanto que morreu por você na cruz.

A jovem permaneceu em silêncio e decidiu, naquele instante, viver no convento: "Clara tinha pedido a Deus que não me deixasse ser enganada pelo mundo e que não permanecesse no mundo". Assim, o vestido bordado de noiva foi substituído pela rude túnica das clarissas e, no humilde refeitório de São Damião, a partir daquele dia foi preciso colocar mais um pedaço de pão.

Anos mais tarde, irmã Amada estaria "envolvida" em um outro milagre realizado por Clara.

Havia muito tempo que ela estava gravemente doente, com muita tosse e febre alta, sofrendo de hidropisia, uma doença que causa o acúmulo de líquido nos tecidos do corpo. Clara sofria muito ao vê-la naquele estado. Então, aproximou-se e traçou o sinal-da-cruz, dizendo:

– Seja feita a vossa vontade, Senhor.

De repente, Amada se sente curada. A vontade de Deus atendeu mais uma vez a prece de sua humilde serva.

Pode-se dizer que a vida de Clara foi constantemente marcada pela glória dos milagres. Numa tarde, enquanto abria um portão grosso e pesado, este se desencaixou das dobradiças, caindo sobre suas costas, esmagando-as.

– Clara está em perigo. Pode até estar morta!

As irmãs ficaram desesperadas, gritaram, chamaram por ajuda. Outras se esforçaram para levantar aquele enorme peso. Alguns frades apareceram para socorrê-las. A esperança de a abadessa sobreviver era muito pequena. Após um grande esforço, o portão foi finalmente removido e as damianitas, chorando, imaginavam encontrar o pobre corpo esmagado num lago de sangue. No entanto, Clara se levantou, sorrindo e sem nenhum arranhão. As irmãs ficaram boquiabertas. Em seguida, irromperam em exclamações de alegria e ação de graças.

São Francisco e Santa Clara, afresco de Giotto e Memmo di Filippucci, na Basílica de São Francisco, em Assis (século XIII).

Clara continuou a sorrir:

– Tudo é possível para Jesus. Ele me protege, porque eu me dei inteiramente a ele.

Clara é como uma melodia que ecoa suavemente há séculos e, ainda hoje, renasce entre as pessoas de todas as idades e nações, surgindo solene e majestosa dentro e fora dos muitos mosteiros espalhados por toda parte do mundo!

Curiosidades

$\mathcal{D}$iversas referências a fatos e personagens históricos são feitas no decorrer da narrativa. Para ajudar o leitor a situar a obra historicamente, destacamos algumas curiosidades e comentários a respeito do contexto temporal, político, social e religioso em que viveu santa Clara, bem como certos personagens ilustres da época.

A cidade de **Assis** é um importante centro de turismo religioso e artístico na Itália. A Basílica de São Francisco conserva obras de Giotto, Cimabue, Pietro Lorenzetti e Simone Martini. Na cidade ainda se encontram a Catedral de São Rufino, com a fachada de estilo romano, a Basílica de Santa Clara e a Basílica de Santa Maria dos Anjos, que inclui a capela da Porciúncula.

Francisco era filho de um rico comerciante de tecidos, mas abandonou as riquezas da casa paterna para seguir uma vida de pobreza e de pregação do Evangelho. É considerado o patrono da Itália, juntamente com santa Catarina de Sena, e sua festa é celebra no dia 4 de outubro.

Filha do rei da Boêmia, **Inês de Praga** foi prometida em casamento a Henrique VII, filho do imperador Frederico II, e depois a Henrique II da Inglaterra, mas recusou as duas propostas. Tendo conhecido a fama de Francisco e Clara, com quem trocou correspondências, decidiu construir um mosteiro, onde viveria em clausura, sendo designada pelo Papa como guia de sua comunidade, em sintonia com as Damas Pobres de São Damião. Foi canonizada por João Paulo II em 1989.

O primeiro biógrafo de são Francisco e de santa Clara foi **Tomás de Celano**, frade franciscano que viveu no século XIII e foi um dos discípulos de são Francisco de Assis.

Inocêncio III foi o Papa que aprovou a Regra de vida proposta por Francisco e, em 1215, concedeu a santa Clara o "privilégio da pobreza". Já o papa **Gregório IX** foi responsável pela canonização de são Francisco de Assis, santo Antônio de Pádua, são Domingos de Gusmão e santa Isabel da Turíngia. O papa **Inocêncio IV** visitou Clara, enquanto estava doente, em 1253, na igreja de São Damião e, naquele mesmo ano, assinou a Regra definitiva da Ordem. Seu sucessor, o papa **Alexandre IV**, no dia 12 de agosto de 1255, proclamou Clara de Assis santa.

A igrejinha de **São Damião**, semi-abandonada, foi a primeira igreja que Francisco restaurou com suas próprias mãos, no início de sua conversão. Tornou-se, posteriormente, o mosteiro das damianitas.

A **Porciúncula** era uma capela inserida na igreja de Santa Maria dos Anjos, em Assis, onde são Francisco deu os primeiros passos de sua grande missão e onde morreu, em três de outubro de 1226. Ali, Clara foi consagrada a Deus por Francisco.

As **Clarissas** são "mulheres enclausuradas por amor e chamadas pelo Amor a se abrirem a toda pulsação da vida, deixando florescer o dom da virgindade, na experiência da maternidade espiritual, recíproca, que seja modelo de misericórdia e reconciliação, de colaboração e de crescimento à semelhança do Amor Trinitário" (Maria Chiara Stucchi, osc).

Denomina-se **processo canônico de beatificação** o conjunto dos procedimentos necessários, segundo as regras definidas pelo papa Alexandre III, para investigar as causas que levam uma pessoa falecida a ser proclamada "beata" ou "bem-aventurada". Num primeiro momento, é atribuído o título de "servo de Deus"; depois, o de "venerável" e, em seguida, após se verificar se essa pessoa durante sua vida praticou as virtudes em grau heróico ou sofreu o martírio por causa da fé, e que por sua intercessão aconteceram milagres, dá-se a beatificação.

Quaresma é o período de quarenta dias que precedem a Páscoa cristã, durante os quais se davam ciclos de pregações. Já o domingo que antecede a Páscoa é chamado **Domingo de Ramos**, quando se relembra a entrada triunfal de Jesus em Jerusalém em meio ao abanar dos ramos de oliveira.

A **tonsura** era o corte de cabelos que fazia parte da cerimônia de consagração. Ela podia ser feita num lugar sagrado pela própria interessada ou pela comunidade.

Na Idade Média, quase todas as casas de Assis tinham duas portas: uma maior, com um degrau baixo e cômodo, de fácil acesso para quem entrava e saía da casa; outra pequena e estreita, com um degrau alto, razão pela qual era necessário dar um salto para sair por ela. Esta era aberta apenas por ocasião dos funerais de família, sendo destinada aos defuntos; daí o seu nome "**porta do morto**". Quem saísse por ela não retornaria mais ao lar. Clara escolheu deixar a casa dos pais justamente por essa porta devido ao significado que isso implicaria.

Sumário

1. Aquela noite 7

2. Favarone e Hortolana 13

3. Francisco 21

4. Domingo de Ramos 33

5. Irmã Clara 39

6. A nova vida 45

7. As damianitas 55

8. A pérola preciosíssima 63

9. No ninho das "pobres mulheres" 71

10. Eu me sinto bem aqui 79

11. O sinal-da-cruz..85

12. Eu, Clara, embora indigna... 89

13. A arma da oração.......................................95

14. Com o Menino Jesus 101

15. Livres na pobreza.....................................105

16. O abraço da Virgem 111

17. Na glória dos santos 117

Curiosidades 123

Rua Dona Inácia Uchoa, 62
04110-020 – São Paulo – SP (Brasil)
Tel.: (11) 2125-3500
http://www.paulinas.com.br – editora@paulinas.com.br
Telemarketing e SAC: 0800-7010081